"十三五"国家重点出版物出版规划项目

我们的故事成了谚语

〔伊朗〕穆罕默德·米尔奇亚尼 著
马晓燕 关媛 译

华文出版社
SINO-CULTURE PRESS

صَد و دَه قصهٔ مَثَل برای نوجوانان

نویسنده: محمد میرکیانی

致中国读者的一封信

亲爱的中国读者,大家好!感谢你们阅读《我们的故事成了谚语》一书。我们虽不曾相识,但今天,《我们的故事成了谚语》一书让我们互相认识。文化的魅力就在于它把互不相识的人们联系在一起,成为亲密的朋友,即使从未见面,也热爱着对方。

伊朗是一个文明古国,我从事儿童文学创作近四十年,没想到,我的《我们的故事成了谚语》一书能被翻译成中文,走进拥有古老文明的中国,令我深感高兴。我们同属东方人,数千年来,古老的丝绸之路像纽带一样,把我们紧密地联系在一起,丝路情谊让我们和睦相处,真诚相待。

衷心希望《我们的故事成了谚语》中文版的出版,有助于巩固和加深伊中两个文明古国之间的深厚友谊。我相信,中国读者在阅读此书的故事后,就会知道东方人的生活、习俗和信仰何其相似。

我还没去过美丽的中国,希望在不久的将来能去中国旅游。我相信,东方有无数脍炙人口的故事,我一定会去中国,聆听你们的故事。

最后,我要感谢尊敬的译者,为我和中国读者之间打通文化交流和友谊之路付出的努力。谢谢大家!

穆罕默德·米尔奇亚尼
2018 年 12 月 26 日
于德黑兰

序

在伊朗这片神圣的土地上,流传着许多美丽动听的故事,而能成为谚语的故事尤其具有一种特别诱人的味道。它们娓娓道来,脍炙人口,渐渐成为人们生活中常用的谚语。少数谚语故事的来源无处可查,但大多数有历史记载,其中有些源于宗教人物的生活,如谚语"从耳朵里取出棉花";有些来自伊朗著名诗人和文学家的作品,这些故事在民间广为流传,渐渐形成谚语,例如"不经历灾难,就不知道幸福";还有一类谚语来自漫长冬夜祖父或祖母讲给子孙的故事,没有人知道这些故事的源头,例如"用砖坯压住锅盖"。谚语故事生动有趣,又蕴含深刻的哲理,故事中的人物、情节、发生的环境令读者或听者永远难忘。谚语故事不能当作娱乐来读,因为通过说和听这些故事,我们能更好地、更多地了解曾经生活在这片土地上的人们的信仰与愿望、快乐与悲伤、失败与成功。研究者们今天所说的"人类学",也包含在这些谚语故事中。

在改写这些谚语故事时,我注意到以下几个问题。当然,能否取得成功,取决于读者对该书的满意程度。

第一,这些故事是从各种书籍和资料中挑选出来的,写作风格不一，我在创作时，尽量使用一种手法和风格，在语言文字方面，尽量做到通俗易懂。

第二，所选故事题材和内容尽量适合青少年。

第三，有些故事结构比较简单，针对这些故事，我尽量保留了故事原貌，更多地进行技术处理，使之成为有趣的故事，更具可读性，例如谚语"被水带走的帽子好过不合尺寸的帽子"。

第四，尽量使故事语言通俗易懂，贴近人们日常生活用语，以便读者讲给别人听。

第五，为每个故事取了一个名称，从这个名称中看不出故事表达的内容，只有读了整个故事之后才能明白其中的含义。在每个故事的最后阐明了故事展现的主题以及如何使用这个谚语。

最后，在读或听每个故事时，必须知道的一点，就是古人所说的"谚语无争辩"。也就是说在我们的日常口语中，如果使用了谚语，就能更容易地相互交谈，更容易地表达出我们的想法。

如果某些谚语故事，看起来很奇怪，不符合情理，我们不要纠缠故事情节，而是要关注故事蕴含的哲理。如"没有蔬菜也就算了""祈祷你自己的父亲去死吧""看看我变成什么样子了""驼背上又加了一个驼背"等，因为讲谚语故事，不必争论其中的是非。

总之，我希望自己说的这些话不是无稽之谈，我之所以这么说，是因为我觉得在阅读一百一十个谚语故事之前，了解一些与之相关的东西并不是坏事。

现在，就需要你亲自去品味下面的谚语故事了。

2003 年 9 月

水和高地 / 001

滚烫的粥 / 004

马和布 / 007

小鸟的忠告 / 011

吃抓饭的袖子 / 015

胆小的英雄 / 020

酋长的甜瓜 / 024

明天的椰枣 / 027

茄子的笑话 / 030

十峰骆驼 / 034

魔鬼和小偷 / 037

豺狼和孔雀 / 041

微笑的食物 / 045

为世人忧愁 / 048

省长的命令 / 053

裁缝的瓦罐 / 057

豺狼和弹棉工 / 061

鱼和国王 / 064

男人和南瓜 / 068

老鼠和生铁 / 071

面包和水井 / 075

杏　核 / 078

男人和帽子 / 081

磨坊工和面粉 / 084

贫穷的搬运工 / 088

懒惰的小男孩 / 092

牙齿的梦 / 096

毒蛇的友情 / 100

嘴巴和城门 / 105

强盗和母亲 / 109

说谎的篮子 / 114

三个条件 / 117

逃跑的狮子 / 121

法官和男人 / 125

昏庸的法官 / 130

白色的长袍 / 134

打碎的碗 / 138

用人的鞋子 / 141

乌鸦和孔雀 / 145

帽子和骗子 / 149

羊　头 / 153

白　牛 / 157

豺狼和狐狸 / 161

偷来的面包 / 164

双仁巴旦杏 / 167

第三个吝啬鬼 / 170

摔跤手和梯子 / 173

老妇人和梦想 / 176

屠夫的眼睛 / 179

甜瓜和蜂蜜 / 183

黄粱美梦 / 186

桃　树 / 189

大臣和盗贼 / 192

赊账者的谎言 / 196

猎鹰和鸡 / 199

尾巴和耳朵 / 202

疯子和"疯子" / 206

面包河 / 210

第二个硬币 / 214

菜汤里的菜 / 218

精灵的婚礼 / 221

可怜的医生 / 224

秃头鹦鹉 / 228

麦子和水井 / 232

国王的衣服 / 235

石油和大海 / 238

最后的摔跤比赛 / 242

屋顶上的小男孩 / 246

钱和鞍子 / 250

棉花和耳朵 / 254

扫帚和船桨 / 257

高　处 / 261

戒指上的名言 / 265

梦想和愿望 / 270

小偷和大鼓 / 274

猫的尾巴 / 277

懒惰的同伴 / 280

布料的颜色 / 283

裁缝的徒弟 / 287

肥皂和旅行者 / 291

钱的声音 / 295

算卦者与国王 / 298

新鲜果冻 / 302

把帽子当法官 / 305

吹陶罐 / 309

苏莱曼断案 / 313

印花匠人 / 316

果园的客人 / 320

弟弟的小山羊 / 324

做号角生意的人 / 328

鸡有一条腿 / 332

铁匠的儿子 / 336

狗熊与猎人 / 339

蠢驴找打 / 342

把驴拴好 / 346

天上的谎言 / 349

小偷与旅客 / 353

狐狸与骆驼 / 357

恶魔的绳索 / 360

第二根柱子 / 363

石头砝码 / 365

狗与驴 / 368

新娘做饭 / 371

在玻璃瓶外吃奶酪 / 375

国王作诗 / 379

猫的食物 / 382

仆人与大海 / 385

瘦人文狮 / 388

长官的仆人 / 391

青年与鬣狗 / 395

水和高地

很久以前,在伊朗的花刺子模城生活着一个著名摔跤手,名叫普扬·瓦利,他的名字在花刺子模可谓是家喻户晓。经常有身强力壮的年轻小伙来找他摔跤,都被他一一打败,弃甲而归。有一天,从遥远的印度来了一个健壮的摔跤手,要和瓦利进行摔跤比赛,城里的所有人都为瓦利担心不已。瓦利虽然也有点儿担心,但他没有把自己的担心告诉任何人。然而,人们从他的眼神和举止中看出了他的焦虑之情。

故事从英雄普扬·瓦利去清真寺做礼拜的那天开始。当他在大殿做礼拜时,从帘子那边传来了那个印度人的母亲做祈祷的声音:"安拉啊,祈求您让我的儿子在和普扬·瓦利的摔跤比赛中取得胜利吧!"

听到那个老妇人的祈祷声,瓦利的心禁不住颤抖了一下,他的表情变得无比凝重。做完礼拜,他走出清真寺,心情无比沉重,陷入了进退两难的境地:一方面希望自己能在这次比赛中获胜,让城里的人们替他高兴;可另一方面那个老妇人的祈祷却又让他变得心神不宁。

比赛的那一天终于来到了,人们兴高采烈,纷纷来到城市中心的广场,准备观看这场精彩的比赛。广场被喷洒过玫瑰花露水,每个角落都散发着沁人心脾的花香。比赛开始时,印度摔跤手气势汹汹,扑向瓦利,只见这名花剌子模的著名摔跤手不慌不忙,很轻松地将对手摔倒在地,人群中顿时响起了一片欢呼声。然而,就在这时他的眼光无意中落到了印度摔跤手的母亲身上,她那期待儿子获胜的眼神像利箭一样射入瓦利心中,打破了他的宁静。瓦利闭上双眼,避开了那个母亲期待的眼神,只想听到人们的喝彩声,只想战胜对手,展示自己的英雄风姿。

瓦利抓住印度摔跤手将他高高举起,准备扔到地上,结束这场比赛。人们此起彼伏、震耳欲聋的呐喊声响了起来:"摔倒他!摔倒他!"

就在这时,情况突然发生了变化,瓦利放开印度摔跤手,自己摔倒在地上。

所有人都明白不是印度摔跤手打败了瓦利,而是瓦利的谦虚、信仰和仁慈心,让他假装被打败。他这么做,就是为了让那个年迈的母亲感到高兴,让她的祈祷成真。瓦利在比赛结束的最后一刻,口中诵念着这首诗:

> 普扬·瓦利虽是被绳索套住的猎人
> 但他有先知达乌德的雄心和好的运气
> 如果虚心学习就能学到有益的知识
> 灌溉时地势高的农田总是饥渴不已

* * *

"灌溉时地势高的农田总是饥渴不已"渐渐成为谚语,比喻做人要谦虚,不要高傲自大,不要像地势高的农田,在灌溉时因地高无水而倍感饥渴。

滚烫的粥

很久以前，在一个城市里住着两个关系非常亲密的朋友，他们经常想着对方，为对方做力所能及的事情。一有时间他们就互相邀请一起吃饭、一起聊天、一起说笑。

一天，朋友甲在一条巷子里看见了朋友乙，于是对朋友乙说道："哪天方便的话来我家一起喝粥。"

朋友乙说道："我去你家很多次了，经常去你家吃饭，不想再给你添麻烦了。"

朋友甲说道："朋友之间不必客气，你的到来会使我感到高兴，你一定要来尝尝我做的粥有多好喝！"

朋友乙于是回答道："好吧，过几天我就去你家拜访你。"

朋友乙做出承诺之后却食言了，因为每次决定去朋友甲家做客时，都会有这样或那样的意外事情发生，以至于他总是无法兑现自己的诺言。

一天，当朋友乙经过朋友甲的家门时，他内心感到愧疚，自言自语道："我真的愧对朋友，什么时候才能兑现诺言？千万不能让他认为我没去他家是因为不喜欢他做的粥，也千万不能让他认为我没去他家是因为我喜欢比粥更好的食物。"

朋友乙当天决定去朋友甲家做客。做出这个决定后,他感觉心里舒服多了。随后,他告诉朋友甲说今天中午去他家喝他做的粥。

在去朋友甲家做客的几天前,朋友乙就已经牙痛难忍,赴约那天并未见好转,他于是打算做完客后直接去看大夫。

那天中午，朋友乙高兴地向朋友甲家走去，不一会儿就来到朋友甲家门口。他上前敲门，朋友甲开门，两人见面甚是高兴，寒暄过后，朋友甲便将他立即引进屋，请他坐在上席，而后铺开餐布，拿来馕和洋葱，又端上用肉、蔬菜、大麦和牛奶做的粥，香味顿时飘满整间屋子。

朋友乙惊讶地问道："如此丰盛的午餐，是否还有其他人同我们一起？"

"没有，就我们两个，这粥可好喝了，这点儿不算多。"

说完这些话后，朋友甲拿起一个小碗盛粥，盛满后用双手恭敬地放在了朋友乙的面前。朋友乙以为粥是凉的，拿起勺子准备喝粥。就在此时，他的牙齿突然开始剧烈疼痛，难以忍受，便起身到院子里来回奔跑，试图缓解疼痛。看到他这个样子，主人以为他的嘴巴被粥烫伤了，便问道："你这是怎么了？我让你喝粥，你却被粥烫伤了嘴。"

朋友乙忍着牙疼说道："我还没喝粥呢！"

"你怎么可能没喝呢？"朋友甲惊讶道。

朋友乙说道："是啊，粥没喝到却被粥烫伤了嘴。"

* * *

"粥没喝到却被粥烫伤了嘴"渐渐成为谚语，比喻某人想做一件事却没成功，反而深受其害。

马和布

很久以前,有一个卖布人,每天扛着一个布袋走街串巷地叫卖布匹,以此养家糊口。

卖布人无论走到哪里,只要走累了,他就会把布袋铺在地上休息一会儿,然后又上路继续叫卖。

有一天,他去到一个很远的城市卖布。正值暑夏,灼热的阳光照射在忙碌的行人身上。卖布人走了很久,感到疲惫不堪,实在走不动了,便把布袋铺在地上坐着休息。他自言自语道:"我实在是走不动了,天气太热,我连迈步的力气都没有了。但愿有人路过这里,能够送我一程。"

此时,有一个人骑着马从远处疾驰而来,他看见卖布人坐在地上,便勒马驻足,问道:"你怎么独自一人坐在地上?"

"我在休息,累得站不起来了。"

"我知道你在休息,你在做什么,怎么累成这样?"

"我扛着布袋走了好几个小时,实在累得不行,便在这儿休息一会儿。如果你能把我的布袋放在马背上帮我捎一段路,我会祈求安拉保佑你。"

骑马人看了一眼他身边的布袋后说道:"如果我把你的布袋放在我的马背上,那你怎么办?"

"我跟在你后面慢慢走。帮帮我吧,愿安拉保佑你。"

两人交谈之时,骑马人看到远处的草丛中有一个东西在动,他目不转睛地盯着那个地方,很快他看见草丛中有一只兔子在蹦蹦跳跳、悠闲自在地吃草。兔子看见骑马人后,飞快地逃走了。骑马人立即扬鞭策马向兔子追去。兔子和骑马人都累得跑不动的时候,骑马人喘着粗气自言自语道:"我的马跑得真快,我都不知道我自己骑着马还能跑这么快……既然是这样,我为什么不能帮那个卖布人的忙呢……如果我把他的布放到我的马背上然后跑掉的话,他是追不到我的。我最好现在就回到他身边,告诉他我答应帮他驮布。"

骑马人掉转马头向卖布人疾驰而去。卖布人仍在原地,一步未动。他看到骑马人返回来,心里想:他骑马跑得飞快,如果我把布袋放在他的马背上,他像风一样疾驰而去,我怎能追得上他?魔鬼无处不在,专门欺骗世人。所以,如果骑马人到我身边坚持要把我的布袋放在他的马背上,他心里一定有鬼。

骑马人来到卖布人身边,卖布人问道:"你一下子跑得无影无踪,怎么又回来了?"

骑马人回答道:"我看见一只兔子,我去追但是没有追上它。你现在怎么办?要不你把布袋放在马背上,我送你一程?"

"谢谢你的好意,不过我想自己扛着布袋慢慢地走。"

"你不累吗?天很热而且路很长。"

"有什么办法呢?自己的路还得靠自己走。"

骑马人往前走了几步,说道:"我看你太累了,实在不忍心把你一个人扔在这个地方,快把你的布袋放到我的马背上,让我来帮你一把吧!"

卖布人看了一眼骑马人，说道："我说过了，自己的路自己走。你心里在想什么，我很清楚。"

* * *

对心怀鬼胎的人，不能轻易相信。从此，"你心里在想什么，我很清楚"成为民间广为流传的谚语。

小鸟的忠告

很久以前,有个人经过一个村庄,突然有一只小鸟从树上掉了下来,他赶紧跑过去把那只小鸟捡起来。小鸟非常害怕,使劲地挣扎,但无法逃离,便开口道:"唉,善良的人啊,求你放我走,我的孩子们在等我回家喂食呢。"

那个人用手抚摩着小鸟的头,说道:"哪个聪明人会放过你?像你这样既漂亮又干净的小鸟,吃起来肯定非常香,既然你被我捉住了,你觉得我会轻易放你走吗?"

小鸟用祈求的语气说道:"谁说我的肉好吃?我比麻雀还小,有多少肉可以给你吃呢?"

"我放了你,你给我什么好处?"

"如果你放了我,我会给你三个忠告,这三个忠告比我的肉更有价值。"

那个人听了小鸟的话,说道:"我怎么知道你不是在说谎呢?"

小鸟回答道:"第一个忠告我会在你的手心里告诉你,第二个忠告等你放开我后我会站在对面的那棵树上告诉你,第三个忠告等我飞到对面那座山上后再告诉你。"

那个人想了想说道:"好吧,你说的忠告也许比你本身更有价值,赶紧告诉我第一个忠告。"

小鸟说道:"第一个忠告也是第一个秘密,不要对往事后悔莫及,也就是说,无论你失去什么千万不要后悔,因为叹息和遗憾失去的事没有任何益处。"

那个人看了小鸟一眼,终于松开了手指。小鸟立刻像一支箭一样飞快地逃离了他的手心,飞到了对面的一棵树上。

那个人看着树上的小鸟说道:"告诉我第二个忠告吧,也许对我有用。"

小鸟说道:"第二个忠告就是,不要相信任何没有根据的话。"

说完这句话后,小鸟向山上飞去,飞到了一个无法被抓到的地方,又说道:"你做了一件蠢事,要知道,我的肚子里有两颗昂贵的宝石,每一颗宝石的重量是八十多克,你就这么轻易地失去了它们。"

那个人听到小鸟的话,垂头丧气,后悔不已。看到他可怜的样子,小鸟问道:"你为什么这样折磨你自己呢?"

那个人回答道:"如果你是我,遇到这样的事情能不后悔吗?"

"你怎么这么快就忘记了我给你的第一个忠告呢?难道我没告诉过你'不要对往事后悔莫及'?难道我没告诉你'不要相信任何没有根据的话'吗?"

"'没有根据的话'是什么意思?"

"你怎么不用脑子想一想呢?我这么小的身体里怎么可能装有一百六十多克的宝石呢?"

那个人想了想,说道:"请告诉我第三个忠告吧,也许对我更有用。"

小鸟说道:"如果你足够聪明,如果你没有轻易地忘记前面两个忠告……算了吧,那么有价值的两个忠告你都记不住,还有必要给你说第三个忠告吗?"

小鸟说完这句话,展开翅膀向大山那边飞去,慢慢地消失在那个人的视线之中。

* * *

"不要对往事后悔莫及"渐渐成为谚语,用来劝诫那些对过去发生的不如意的事感到沮丧和后悔的人。

吃抓饭的袖子

很久以前,一个有钱的商人设宴请客,在他邀请的客人中有一位知识渊博、品德高尚、生活非常简朴的学者。这个学者平时不喜欢参加宴会,但为了不让主人为难,也为了不让别人觉得他不懂礼貌,所以他决定去参加这次宴会。

当这位学者穿着非常朴素的衣服出现在主人家的门口时,那里已经聚集了很多穿着华丽的客人在互相寒暄。守门人从未见过这位学者,见他衣着朴素,便对他说道:"你来错地方了,快走开!"

学者礼貌地对守门人说道:"你应该先问清楚我为何而来,等问清楚了再说'你来错地方了'这句话也不迟。"

"那你说吧,你来这儿干什么?"

"难道今天这儿不是请客吗?"

"今天这儿是请客,难道跟你有什么关系吗?"

"我是受主人邀请来参加宴会的客人。"

守门人上上下下打量了学者一会儿,说道:"太奇怪了,你肯定来错地方了,我们主人怎么可能会邀请你这样的人来做客呢?也许是其他地方邀请了你,你一定是来错地方了。"

"不，我没来错，难道这儿不是商人舍姆斯的家吗？"

"对啊，这儿是商人舍姆斯的家。"

"他是不是有两个儿子和几个女儿？"

"是的，他有两个儿子和几个女儿。"

"他是不是昨天从远方回来的？"

"是的。"

"那我来对地方了，我就是他邀请来参加宴会的客人。"

听了学者的话，守门人极不情愿地闪到一边，让学者进去。学者迈着慢吞吞的步子走到屋子门口。屋子里非常热闹，主人正在跟几个客人热火朝天地聊天。

学者走进屋子，大声地向所有人问好，主人听到声音，转头看了他一眼，微笑着回应了他的问好，又回过头去和客人们继续聊天，其他客人也好像没看见他一样，只有一两个人冷淡地回应了一下他的问好声。就在他准备找一个座位坐下的时候，所有客人突然站了起来，学者顿时感到有点儿窘迫，面对这么多人站起来迎接，不知如何是好。但就在他局促不安的时候，他看见一个肥头大耳、衣着华丽的男人走进来，原来人们站起来是在迎接那个胖男人而不是他。学者暗自嘲笑自己自作多情。

屋子里再次变得热闹起来，所有人都忙着为那个衣着华丽的胖子腾出地方，好让他坐下来，而那个学者被两三个人紧紧地夹在中间动弹不得。可即便是这样，还有人大声地向他喊叫道："赶紧找个地方坐下，别挡住大家的路，也不知道这个人是从哪里来的！"

学者没再吭声，只是悄悄地坐在了距离门口较近的一个角落里。他坐的地方很窄，两边还坐着两个健壮的男人，那两个人左右晃动了几下，以便坐得更舒服一点儿，但是，夹在他们中间的学者，却觉得自己的骨头都快被他们挤断了。过了一会儿，仆人们端来了饭菜摆在客人们面前,那位学者匆匆吃完饭,和主人说了声"再见"就离开了。

学者回到家中,发誓再也不去参加这样的宴会了,可是他又想要好好教育一下那些傲慢无礼的人,让他们知道犯了什么样的错误。

几个月之后,这位学者再次受到了那位有钱商人的邀请,这次他穿着崭新、华丽、昂贵的衣服去做客。就在他快要走到大门口的时候,还是以前的那个守门人笑着向他跑过来并说道:"欢迎光临,主人已等候

多时！"

学者无奈地摇了摇头，守门人主动向他点头问好，以表示对学者的尊敬。看到这种情景，学者生气地向屋子走去。当他快要走到屋子门口时，所有客人都站起来鞠躬，以表示他们的敬意。

这时，有几个人赶紧跑过来扶着学者向屋里走去，主人看见学者，也赶紧跑过来拥抱了他，并说了很多欢迎之类的话。等学者坐下后，又有几个人走过来坐在他的身边和他热切地攀谈。没过多久，仆人们把准备好的午饭摆在了客人们面前。当然，给学者端饭时，仆人更是毕恭毕敬。

学者叹了一口气后，对着抓饭大声说道："袖子啊，快吃饭吧！"

所有人对学者的行为都感到很奇怪，主人看到这个情景，跑到学者面前问道："尊敬的学者，您怎么了？这饭不好吃吗？"

"你的抓饭很好吃，我让袖子吃饭事出有因：几个月前我来你家做客时，因为我衣着朴素，而受到了你们的无礼对待；这次我穿着华丽的衣服来参加宴会，你们热情款待，和上次相比有天壤之别。所以，我觉得我的衣服功劳很大，应该让我的袖子吃美味的抓饭。"

学者说完就起身离开了主人家。

***

"新衣神通广大"渐渐成为谚语,比喻某人以貌取人。

胆小的英雄

很久以前,有几个年轻人经常聚在一起聊天到深夜。如果听到有趣的故事,他们也会亲自去实践,但这种行为有时也会让他们陷入麻烦之中。在这些年轻人中,有两三个无知的家伙,他们很喜欢做一些自认为是英雄才能做到的事情,有些极其恐怖、没人有胆量去做的事情,他们也会毫不犹豫地去试一试。

在一个没有月光的、黑乎乎的冬夜,一个不学无术的年轻人对朋友们说道:"你们谁有胆量和我一起去墓地?"

其中一个人问道:"为什么选择在这么黑的晚上去墓地?难道那儿发生了什么事吗?"

年轻人说道:"没什么事,我只想说,在这样的夜晚敢去墓地的人一定是个大英雄。"

另外一个年轻人说道:"去墓地算不了什么,但去墓地做一件事情才能算得上真正的英雄。"

"做什么样的事情?"

"在洗尸房门前的地面上钉一颗钉子,然后回到这里的人才算是英雄。"

"你不害怕吗?"

"我怕什么?你们赶紧去给我找一颗钉子来,我现在就去。"

其中一个年轻人很快从自己家拿回一颗钉子,交给了那个不学无术的年轻人。于是他一只手拿着钉子,一只手握着一块从地上捡来的石头向墓地走去。

他出发后,他的朋友们也跟在后面,一起向墓地走去,在黑暗中他们很快走到了墓地附近。年轻人回头看了一眼同伴们,说道:"你们就在这儿等我吧,我一会儿就回来。"

说完,他慢慢地摸黑走进了墓地,很快就消失在黑暗中。此刻,四周非常寂静,静得他都能听到自己的呼吸声。他磕磕绊绊地穿过一座座坟墓,沿着高低不平的石子路,一直走到了洗尸房门口。洗尸房门前空空荡荡,只有常年停放在门口的一张破旧的运尸床。

为了尽快完成约定,年轻人立刻蹲下身来开始钉钉子。由于天黑而且非常匆忙,他把自己衣服的一角也钉在了地面上。当他钉完钉子准备起身离开这个可怕的地方时,他感觉有人扯住了他的衣服,他以为是朋友搞恶作剧,所以低声说道:"放开我,我要走了!"

周围寂静无声,他仍然无法动弹,他于是看了看四周,但什么都没有看到。就在这时突然起风了,几片干枯的叶子被风刮起并落在洗尸房门板上,发出了一种轻微的沙沙声。在这寂静的深夜听到这样的声音,衣服又被扯住动弹不得,年轻人害怕了,他开始语无伦次地大声喊叫,很快就被吓得晕倒在地上。等在墓地外面的几个朋友,听到他的呼喊声不但没有去救他,反而撒开双腿跑得无影无踪。

第二天早上,墓地里发生了骇人事情的消息不胫而走,在人们之间不断传播。人们都想前去墓地,看个究竟。他们在洗尸房门前,看见一个年轻人倒在地上,衣服的一角被钉在地上。此时,一个昨晚鼓励他去墓地的朋友大声说道:"看看我们这个朋友做的事情,他把自己的衣服钉在了地上。"

* * *

"衣服钉在了地上"渐渐成为谚语,比喻一个人逞强好胜,做徒劳无益的事而使自己陷入困境中。

酋长的甜瓜

很久以前,一个头脑简单的农村人到城里办事。他办完事准备回家时,对自己说道:"空手回家不太好,我得买个甜瓜带回家,让家里的老人和孩子们尝一尝,让他们也高兴一下。"

于是,他买了一个甜瓜后踏上了回家的路。他家距离城市很远,走了几个小时之后,他感到口渴难忍。

他看了看四周,想找点儿水喝,但是一滴水也没见到。这时他的目光落在了怀里的甜瓜上,他实在太渴了,便自言自语道:"没有人强迫我吃这个甜瓜,但如果我吃了它,人们知道后就会说我是个自私的人;即使人们不知道,这样做也是不对的。"

尽管他一再说服自己不能吃这个甜瓜,他还是无法控制自己想吃甜瓜的念头。他又看了一眼甜瓜,一边摸着甜瓜,一边自言自语道:"我要吃甜瓜,但是我要让经过这里的人认为我是一个酋长,因为我听说酋长只吃一块甜瓜,其他的甜瓜都会放在大路上让其他人去吃。"

说完这句话,他打开了甜瓜,只吃了一小块,然后把剩余的甜瓜放在了大路上,以便让经过这里的人们认为他是一个路过的酋长。突然,他想起了一件事:"我怎么做了这么愚蠢的事?迄今为止有哪个酋长是独来独往的？酋长出门，身后会跟着一大群随从，即便是酋长把剩余的甜瓜放在大路上，他的随从们也会把它吃掉的，而且如果酋长的甜瓜像我的甜瓜这么甜的话，酋长的随从们一定会争着抢着把甜瓜吃完。所以，现在最好的办法是我把甜瓜全都吃掉，这样别人就会以为我不是一个独来独往的酋长了。"

在这种想法的驱使下,他把整个甜瓜都吃掉了。当他准备起身回家的时候,他看到了扔在地上的瓜皮,又说道:"我怎么干了这么愚蠢的事?难道只有人类才吃甜瓜吗?难道动物们不爱吃瓜皮吗?难道酋长的马和骆驼不吃瓜皮吗?只有吃了瓜皮,它们才会有力气走路,难道不是吗?"

想到这里,他又坐了下来,开始吃扔在地上的瓜皮,可是吃完瓜皮,他还是觉得口渴。这时,他看见了被他吐在地上、在阳光的照射下闪闪发光的瓜子。他于是捡起了瓜子,站起身向四周看了看,当他看到自己周围是空无一人的荒野时,他又摇了摇头,自言自语道:"看看我在想什么呢?酋长会来这荒无人烟的地方吗?酋长拥有那么多漂亮的、绿树成荫的地方,怎么可能会来这个寸草不生的破地方呢?只有我们这些可怜的穷人才会经过这里。"

想到这里,他把所有的瓜子扔进了嘴里,然后拍拍手说道:"我一定要说一句安慰自己的话:'这儿既没有酋长来过,也没有酋长经过!'"

* * *

"酋长从未经过这里"渐渐成为谚语,比喻某人自欺欺人并且乐在其中。

明天的椰枣

很久以前,有一个小男孩非常喜欢吃椰枣,他不时地找各种借口向母亲要椰枣吃,尽管他母亲告诉他椰枣吃多了对身体不好,会生病,但他还是不听母亲的劝告。

有一天,他母亲实在是累了,于是对他说道:"你为什么这么爱吃椰枣呢?"

"因为我喜欢吃椰枣啊!"

"但是你吃得太多了,我怕你会生病。"

"我不会得病的,谁说我会得病的?"

母亲摸着小男孩的头说道:"让我想想看……如果先知说不要吃太多的椰枣,你会听他的话吗?"

"是的,我会听他的话;但是先知不会对我说不要吃椰枣。"

"不要胡说,我们去问问先知吧,如果他让你吃你就吃。"

母亲牵着小男孩的手去找先知。他们找到先知并尊敬地向先知问好,母亲开口说道:"先知啊,我的小儿子喜欢吃椰枣,但是我担心吃多了会生病。所以想请您告诉他,每天应该吃多少椰枣才合适。"

先知和蔼地说道:"你们先回去吧,明天再来。"

小男孩听先知说明天再来,高兴得不得了,因为这样的话他今天还能吃椰枣。母亲只好牵着小男孩的手回家了。在回去的路上,母亲自言自语道:"先知为什么这样说呢?难道今天和明天有什么区别吗?!"

第二天,母亲又带着小男孩去找先知,并向先知说了小男孩吃太多椰枣的事情。

先知亲切地对小男孩说道:"不要吃太多的椰枣,你要听母亲的话,你母亲让你吃多少你就吃多少。"

那位母亲惊讶地问先知:"您昨天为什么不这样说呢?为什么要等到今天才告诉孩子不要吃太多椰枣呢?"

先知回答道:"因为昨天我也吃了椰枣,所以我不能劝说别人不要吃椰枣。"

母亲谢过先知,带着孩子回家了。她感到非常高兴,孩子不仅听取了先知的忠告,从此不再多吃椰枣,而且学到一句谚语:"吃过椰枣的人无法禁止他人吃椰枣。"

* * *

"吃过椰枣的人无法禁止他人吃椰枣"渐渐成为谚语,用来规劝那些自己只说不做,并且强迫他人的人。

茄子的笑话

很久以前，有一位国王，他有一位好朋友，这位朋友经常待在宫殿里，与国王一起散步、一起欢笑、一起悲伤。国王对这位朋友也是盛情相待，有求必应，有时还会给他很多的赏赐。

有一天，国王和朋友坐在一起谈古论今，国王说道："今天午饭我想吃从来没有吃过的东西，你说吃什么好呢？"

"您吃的东西都是全天下最好的食物，我想不出还有什么东西是您没吃过的。"

"你说的我都知道，今天吃什么东西你来决定吧！"

朋友想了想，说道："也许我想吃的东西您不喜欢。"

国王急切地问道："快告诉我，你想吃什么？"

"我想吃茄子。"

国王叫来御厨，对他说道："今天的午饭做茄子，我们想吃茄子了。"

御厨诧异地问道："茄子？就是那个长得像乌鸡一样黑黑的东西吗？"

"是的，就是那个东西，赶紧用茄子做一道美味的食物。"

御厨说了声"遵命"就离开了。快到中午的时候,饭菜准备好了,仆人们把盛满茄子的精美瓷器端到了国王面前。当国王看到那道用茄子做的食物时,他大声说道:"啊,多么美味的食物,多么美味的茄子!"

站在国王身边的那位朋友看着茄子说道:"陛下,茄子还有一个别名,人们叫它'乌鸡'。"

国王问道:"为何管茄子叫'乌鸡'?"

"因为茄子具有乌鸡一样的营养价值。你不知道别人是怎样评价茄子的,这个宫殿里所有东西都比不上茄子。它的颜色、它的味道,简直无与伦比,可以说它是'食物之王'。"

国王一边听朋友夸赞茄子,一边大口地吃着,没过一会儿,他突然放下手里的勺子和叉子,一动不动地凝视着盘里的茄子。朋友急忙问道:"我的国王,您怎么了?您还想吃茄子吗?"

国王一声不吭,随即一把抓起盘子里的食物扔到了角落,大声吼道:"这是什么鬼东西?!"

朋友急切地问道:"陛下,您到底怎么了?"

"难道你不知道吃了茄子会让人肚子发胀吗?"

"吃茄子会使肚子发胀吗?您现在觉得难受吗?"

国王摸着肚子说道:"我的肚子很疼,都快要疼死了!这到底是什么鬼东西?我从来没吃过这么难吃的东西。"

听到国王这么说,朋友惊恐万状,急忙说道:"如果知道您吃了茄子会肚子疼,我应该全部吃掉才对,那样的话肚子疼的人就是我而不是您了。但是,现在说什么都没用了,您应该听我的话赶紧去做一件事。"

"什么事?"

"赶紧命令您的士兵们去捉拿那些种茄子的农民,把他们统统关进您的监狱里。"

"我为什么要把他们关进监狱?"

"因为他们在农田里种了茄子。难道茄子杀人的罪过还不严重吗?从今以后谁再夸赞那个黑乎乎的、无生命的、毫无价值的东西,应该打他一百鞭,世界上没有比茄子更难吃的事物了!"

国王说道:"我不懂你是什么意思。刚才你还在夸赞茄子好吃,现在又来贬低茄子,把它说得一文不值。"

面对国王的质问,朋友低下头羞愧地说道:"我是您的仆人,不是茄子的仆人，吃茄子会不会胀气您说了算，您说胀气就胀气，您说不胀气就不胀气。"

*　　*　　*

"国王说吃茄子不会胀气"渐渐成为谚语，比喻那些阿谀奉承没有好结果的人。

十峰骆驼

很久以前，有一个以卖骆驼为生的阿拉伯游牧人，他每次出门都会带几峰骆驼，把骆驼交给买主，他就立刻转身回家。他是个头脑简单的人，经常因为一点儿小事儿而陷入困境。

有一天，他赶着十峰骆驼去集市，走了一个多小时，他感觉很累，他于是骑在一峰骆驼背上继续赶路。走了一段时间后，他发现自己的骆驼少了一峰，他又重新数了一遍，仍然只有九峰骆驼，他焦急地自言自语道："我应该交给买主十峰骆驼，现在却只有九峰，现在该怎么办？"

实际上他没有把自己骑的那峰骆驼数进去，他决定再数一遍。这次他从骆驼背上跳下来认真地数了一遍，结果是十峰，他高兴地自言自语道："肯定是因为走的路太多，天气又热，所以数错了。我明明记得出门时带了十峰骆驼，害得我虚惊一场。"

说完这些话后，他又骑上骆驼继续赶路。

走了一段路之后，他又自言自语道："我知道自己带了十峰骆驼，如果任何人问我带了几峰骆驼，我一定会说我带了十峰，但是如果到了买主家十峰骆驼变成了九峰骆驼，那该怎么办？我最好现在再数一遍，免得在买主面前丢人现眼。"

于是他又坐在骆驼背上非常认真地、耐心地数了一遍,结果让他大吃一惊,骆驼竟然又变成了九峰,他焦急地自言自语道:"难道我记错了吗?难道我只带了九峰骆驼,却自以为带了十峰吗?"

　　说完他从骆驼背上跳下来又认真数了一遍,结果骆驼又变成了十峰,他高兴地对骆驼们说道:"我还没有糊涂到无法区别九峰骆驼和十峰骆驼的地步。现在我可以放心地骑在骆驼背上继续赶路了。"

他说完这些话,又骑上骆驼高兴地向前走去。没过多久,他情不自禁地看了骆驼一眼,又不由自主地数了一遍。眼前的骆驼怎么又变成了九峰?是的,和前几次一样,他没有把自己骑的那只骆驼数进去。他沮丧地从驼背上跳下来,自言自语道:"我骑在骆驼上就会变成九峰,不骑在骆驼上就会变成十峰。既然这样的话,我就不骑骆驼了,剩下的路我用双腿走着去吧!"

* * *

如果一个人做事情思维僵化不知变通,可以用"骑着骆驼数骆驼"这句谚语形容他。

魔鬼和小偷

很久以前,有一个苦行者从城里买了一头牛。苦行者牵着又大又肥的牛回家时,被小偷盯上了。小偷一路跟着他,企图寻找机会把牛偷走。

小偷跟在牛后面继续赶路,突然他发现另外一个人也紧跟在苦行者身后。小偷惊讶地质问那个人道:"你是谁?跟着我干什么?"

那个人回答道:"我是魔鬼,我变成人的模样,是想伺机杀死那个苦行者。你为什么也跟在他的身后呢?"

"我是小偷,我看见这个苦行者的牛又大又肥,想趁他不注意的时候偷走他的牛。"

听了小偷的话,魔鬼高兴地说道:"看来我们俩都在打苦行者的主意,我想杀了他,而你算计着他的牛。"

小偷说道:"你说得很对,看来我们俩不谋而合。在没有达到目的之前,我们最好结伴同行。"

苦行者赶着牛慢慢地走,不知不觉走到了自己的家门口。

苦行者到家时,天已经黑了。他把牛拴在牛棚里,拿了草和水放在牛槽里,就钻进屋子里去睡觉了。看到这个情景,小偷和魔鬼悄悄地溜进苦行者家的大门，准备分头行动。这时，小偷自言自语道："如果我在偷牛的过程中，惊醒了苦行者，该怎么办？我怎么知道魔鬼是否有能力杀死苦行者呢？"

此时，魔鬼也自言自语道："在我杀死苦行者之前，万一小偷弄醒了苦行者该怎么办？我怎么知道小偷能够把那头牛悄悄地偷走呢？"

就在他们各自心怀鬼胎的时候，小偷开口说道："听我说，朋友，最好我先去偷牛，然后你再去杀苦行者，这样是不是更好？我怕你把我的事情搞砸了。"

魔鬼听了小偷的话生气地说道："你别搞错了，我的事情比你的事情重要得多，你想想：如果我先杀了苦行者，你偷牛的事情是不是变得更加容易了？"

小偷说道："但是，是我先看到苦行者和他的牛的。"

魔鬼说道："你只想偷他的牛，而我想杀他本人，所以最好让我先动手吧！"

小偷听了魔鬼的话很生气，于是大声地说道："你是魔鬼你不懂，我要做一件让你觉得比杀人还要后悔的事情。"

魔鬼也生气地说道："你是小偷你不懂，我要做一件让你做梦都得不到那头牛的事情。"

看到这个情景，小偷转身对着苦行者睡觉的屋子大声喊叫道："屋子里睡觉的人啊，快点起来吧，不要等着魔鬼来取你的性命！"

于是，魔鬼也大声喊叫道："睡觉的人啊，快快起床吧，有个小偷来偷你的牛了！"

他们的喊叫声惊醒了苦行者，他跑到门口大声向邻居们求救。听到呼救声的邻居们手里拿着石头和木棒蜂拥而至，把小偷和魔鬼狠狠地打了一顿。挨了打的魔鬼和小偷只好灰溜溜地逃跑了。

一个邻居问苦行者道："尊敬的苦行者啊，难道您早就听说魔鬼和小偷要谋财害命的消息吗？"

苦行者回答道："我并不知道，是他们自己的吵闹声惊醒了我，这正是所谓的'敌人也会成为救命的稻草'。"

* * *

"敌人也会成为救命的稻草"渐渐成为谚语，形容某些时候敌人也能帮助自己，成为成功道路上的积极因素。

豺狼和孔雀

很久以前,在森林附近生活着一群豺狼,它们既不用担忧食物不足,也不用担心生命安全,它们无忧无虑、自由自在地生活着。在这些豺狼中,有一只比较特殊的豺狼,它很骄傲,总认为自己比别的豺狼优秀,不应该和其他豺狼生活在一起。

有一天,骄傲的豺狼独自向森林方向走去,在森林里它跑来跑去,非常高兴。它经过一棵老树时,在树下发现了几根美丽的羽毛。它抬头向树顶望去,看见树枝上有几只漂亮的鸟儿正在休息,这几根羽毛就是从这些鸟儿身上掉下来的,而这些鸟儿就是美丽的孔雀。这只豺狼捡起树下的羽毛,用舌头舔了几下,粘在自己的身上,大摇大摆地向豺狼群走去。在回去的路上,它自言自语道:"现在其他的豺狼应该知道我是谁了——它们看见我身上的羽毛,一定会知道我和它们不是同一类的动物,我是一只漂亮的鸟儿,我是一只美丽的孔雀!"

充满幻想的、自命不凡的豺狼走到豺狼群中,同伴们把它围在了中间。

其中一只豺狼说道:"多漂亮的豺狼啊,看起来就像鸟儿一样。"

另一只豺狼说道:"多美丽的鸟儿啊,看起来就像豺狼一样。"

骄傲的豺狼说道:"你们说的这些都不是我,我是一只鸟儿,我是一只漂亮的孔雀!我回来不是为了向你们展示我的美丽,而是想告诉你们,我再也不想和你们这些豺狼生活在一起了。"

骄傲的豺狼说完这些话后,顺着原路回到了森林里。

有几只头脑简单的豺狼,想跟着那只骄傲的豺狼去森林生活,但是它头也不回地向森林的方向走去。它再次来到孔雀栖息的地方，发出一种奇怪的叫声。它想通过这种方式，向孔雀们证明它也是它们中的一员。听到它的叫声，孔雀们感到很奇怪，都围在了它身旁。

其中一只孔雀问道："你是谁？"

另一只孔雀问道："你为什么要把这些羽毛粘在你的身上？"

这只骄傲的豺狼回答道："我是一只孔雀，这些羽毛不是我粘上去的，是从我身上长出来的，就像你们身上的羽毛一样。"

有一只比较聪明的孔雀笑道："快走开，不要丢我们孔雀的脸。"

骄傲的豺狼说道："你让我去哪里？我是一只孔雀，我要和你们生活在一起。"

其他孔雀听到它说的话生气了，一起扑向豺狼，把粘在它身上的羽毛撕了下来，开始啄它的头和身体。可怜的豺狼顿时变得狼狈不堪，落荒而逃。

骄傲的豺狼垂头丧气地回到了豺狼群中，其他豺狼将它团团围住，不停地问它发生了什么事情。

其中一只豺狼问道："漂亮的孔雀，你去哪里了？"

另一只豺狼问道："你已经不是一只豺狼了，是谁把你又弄成了豺狼的样子呢？"

骄傲的豺狼低声说道："我再也不离开你们了，现在我才明白了，豺狼才是世界上最好的动物。"

但是其他豺狼不想让这只骄傲的豺狼再跟它们生活在一起了，便把它赶出了豺狼群。那只可怜的、骄傲的豺狼无处可去，只好找了一个又小又破的洞住了进去。它既不受孔雀的欢迎又不敢回到自己同伴的身边去。一只聪明的豺狼说道："如果它不骄傲，如果它没有自命不凡，它就不会变成现在的这个样子，这就是所谓的'这儿不要，那儿被赶'。"

* * *

"这儿不要,那儿被赶",比喻一个人因自命不凡而使自己处于尴尬的境地。

微笑的食物

很久以前,有一个活泼可爱、聪明而又调皮的小男孩,他觉得无聊的时候,就去敲响邻居家的大门,等邻居打开门,他撒腿就跑;有时候他会翻墙到别人家里去吓唬小孩儿;有时候还会在巷子里和别人家的小孩儿吵闹打架。

有一天,他的母亲对他说道:"我的儿子啊,快乐玩耍是件好事,但前提是不要对别人造成伤害。伤害别人的人,也结交不到好朋友,人们也会离开他。"

小男孩说道:"好的,母亲,我知道了。"但是第二天他依旧我行我素,根本没有改掉自己的坏毛病。

看到他这个样子,母亲决定要惩罚他,不给他饭吃。

有一天傍晚,母亲做了小男孩非常爱吃的饭菜,一家人坐在桌子旁准备开饭的时候,母亲说道:"我的孩子,我的话你一句都没听进去,我决定要惩罚你。现在你在吃饭和不听话之间选一样:你要是听话,我就给你饭吃;你要是不听话,就别想吃饭。"

调皮的小男孩看着美味的饭菜,口水都流了出来,但还是骄傲地说道:"我想干什么就干什么,难道不吃一顿晚饭会饿死吗?"

母亲焦急地说道:"你真的想做什么就要做什么吗?难道我会让你胡作非为吗?以后你不要说不吃一顿饭也不会饿死的话,我知道你是多么喜欢这些饭菜!"

"不,我不喜欢这些饭菜,不要用美食来引诱我。"

母亲温柔地对他说道:"好吧,我的儿子,那你就做你自己想做的事,我也做我自己想做的事,我们就看最后的结果吧。"

说完这句话后,母亲揭开锅盖,突然厉声说道:"现在滚到一边去!我要做我想做的事。"

小男孩站起来离开饭桌,坐在房间的一个角落。他的眼光不时地偷偷瞄着饭桌上的美食和生气的母亲。没多久,他开始后悔了,后悔自己对母亲说过的话,但他不知道怎样才能收回自己说的那些狂妄自大的话。

这时,他看见母亲在他的碗里盛满了饭,又拿起饭桌上的一个盘子盛了一些饭菜,他明白母亲是在给他留饭,但是他特别喜欢吃的菜母亲却只盛了一点点。他大声说道:"母亲,我想说……"

母亲急忙问道:"你想说什么?你想说对不起?想说不再调皮捣蛋了?"

"不,我想说你留给我的饭菜……"

"你说什么?你不是拒绝吃晚饭吗?"

小男孩闭上嘴,咽下口水,低声说道:"我不想要,但也不要给我留这么少。"

小男孩觉得自己的话很可笑,忍不住笑了起来。看到他这个样子,母亲说道:"快起来吃饭吧,但从今以后必须听话。"

* * *

"我不想要,但也不要给我留这么少",说的正是假装不喜欢某样东西,实际非常渴望的心理状态。

为世人忧愁

很久以前,有一位国王即将离世,他既没有儿子也没有任何亲属可以继承他的王位。朝中的大臣、贵族和仆人们聚集在他的病榻前问道:"国王啊,您去世了以后您的王位该怎么办?难道这个世界上您连一个亲人也没有吗?"

弥留之际的国王断断续续地说道:"我死后的第二天早上,你们派几个人守在城门口,谁第一个走进城门,我的王位就属于谁。"

第二天,国王去世了。第三天早晨,一个可怜的、贫穷的流浪汉慢慢地走近了城门口。站在城门口的士兵们跑过去抓住他,把他带到宫殿,让他坐在王位上,还给他戴上了国王的皇冠。于是,昨天还在四处游荡的流浪汉,今天就变成了一国之君。新国王不敢想象在皇宫中看见的和听到的一切,感觉像是在做梦一样,他穿的衣服和吃的食物也是他一辈子从来没有穿过和尝过的。

几天后,这位曾经的流浪汉成了一位真正的、威严的国王,他开始指挥王宫的大小官员们东奔西跑,他喜欢派谁就派谁,喜欢谁就提拔谁担任王宫的大官,国库里的金银财宝他想拿多少就拿多少,国库里的金币他想给谁就给谁。

有一天，这位新国王正在宫殿里散步，有人跑来报告说，有个城市的士兵造反了，不听从国王的命令。新国王立刻叫来大臣，让他想办法去解决这件事情。大臣只好下令派一支军队去镇压叛军。国王正为叛军的事焦虑不安时，宫殿外又传来了几个人吵架的声音，国王急忙问大臣道："又发生什么事情了？"

大臣回答道:"几个农村来的农民不想交税,在宫殿外吵吵嚷嚷地赖着不肯走。"

"那就不要收他们税了。"

"为什么不收他们的税呢?"

"为了让他们赶紧离开这里,他们走了,这里就安静了。"

大臣让手下人告诉那些农民不用交税了,让他们赶紧回去。

当天晚上,累了一天的新国王睡得正香,突然被仆人叫醒并禀告他说:"尊敬的国王,快起床吧,有一伙无恶不作的强盗袭击了宫殿。"

国王以为自己听错了,问道:"强盗袭击了哪里?"

"他们袭击了王城,就是您居住的这个城市。"

"难道守城的士兵们睡着了吗?"

"守城的士兵经常睡觉,无论白天或黑夜。"

睡眼惺忪的国王从床上跳了起来,赶紧召集官员商讨这件事该怎么办。后来,有几个比较胆大的士兵率领众人奋力拼杀才把强盗赶跑了,直到第二天早上嘈杂声才渐渐消去,归于平静。

疲惫至极的新国王回到寝殿,想睡一个安稳觉,刚躺下没一会儿,他的大臣又跑来禀告:"国王,今天是盘点国库中金银珠宝的日子,我们必须要清楚国库里有什么东西以及还缺什么东西。"

国王长叹了一口气,说道:"必须要今天做这件事吗?明天或后天不行吗?"

"尊敬的国王,按常规盘点国库的日子已经晚好几天了,再晚怕是又会发生什么事情。"

国王拖着疲惫的身体,来到宫殿,伏案审阅国库收支情况,连续工作数小时才结束。就在国王刚刚返回寝殿时,又有仆人来报:"尊敬的国王啊,您的一个朋友哭着说想要见您。"

"他为什么哭?难道你们打他了吗?"

"我们没有打他,他说他想您想哭了。"

"好吧,那就带他来见我……"

仆人带着那个人来到宫殿,那人高兴地抱住新国王,大声说道:"太神奇了,快告诉我,你是怎么当上国王的?你还记得我们一起走街串巷沿街乞讨的那些日子吗?"

国王摇了摇头说道:"我没有忘记,我怎么可能忘记我们一起度过的艰难日子呢?"

"快告诉我,你是怎么当上国王的?"

"这个故事太长了,一时半会儿说不完,我只知道:生活中的各种烦心事永远没有尽头。"

"你为什么要这样说?你现在可是一国之君。"

国王长叹了一口气,说道:"当我是个流浪汉的时候,我只关心自己的肚子能否吃饱,可现在我却要关心全天下人的肚子能否吃饱。"

他的朋友摇了摇头说道:"你是想告诉我,你所遭受的一切苦难已经结束了,好日子已经开始了,是吗?"

国王惘然若失,站在那里再也不吭声了。

* * *

"从前我担心个人温饱,现在我害怕世人饥饿"渐渐成为谚语,形容某人虽偶尔幸运摆脱了生存的烦恼,但新的处境也赋予他新的责任。

省长的命令

很久以前，有一个省长下令把全城的金线纺织工聚集到一起，他要命令他们去做一件事。传令官们于是向城里的居民们大声传达了省长的命令："听令！听令！全城的金线纺织工，赶紧到省政府门口集合！"

消息很快传遍全城，所有的金线纺织工扔下了手中的工作，聚集在省政府门口。这时，一个运粪工趁乱混进金线纺织工中，他以为省长把这些人聚集在这儿，是为了颁发奖品给他们，所以他就悄悄地混进人群中，并跟着他们走进省政府的大厅里。

纺织工们不知道省长找他们干什么，心里忐忑不安、焦急万分。但是运粪工却很高兴，因为他在等候发放奖品。省长走进大厅，随后向站在一边的军队总督问道："所有的金线纺织工都到齐了吗？"

军队总督说道："是的，尊敬的省长，所有的金线纺织工都在这儿，听候您的命令。"

省长看了一眼金线纺织工们，看见一个头发脏乱、衣服破旧的人站在人群之中，他感到非常惊讶，但是什么也没说，他想找合适的机会问问他，怎么会穿成这个样子出现在省政府。省长缓慢地扫了一眼金线纺织工们，说道："欢迎你们来到省政府！"

纺织工们听到省长的问候声,高兴不已,省长继续说道:"把你们聚集到这儿,是为了做一件事情,我需要你们的帮助。"

金线纺织工们顿时陷入了沉思,他们在想怎么能给省长帮忙。省长又说道:"为了这个城市的繁荣,我们已经花了很多钱,我想让你们

捐点钱来帮助我们。"

所有的纺织工这才明白了省长的意思,省长是想从他们那里征收更多的税,纺织工们低下了头,再也不吭声了。但是那个运粪工好像没明白省长的意思,他依然直直地站在那里,心里还想着奖励的事。省长又问道:"你们考虑好了吗?你们准备交多少税?"

其中一个纺织工说道:"尊敬的省长,您很清楚我们的情况,我们的生意并不好。"

省长打断他的话说道:"每次征税的时候,你们都说生意不好,那么谁能告诉我,你们的生意什么时候能变好?现在你们回去,好好想想怎么交税的事情吧!"

金线纺织工们低着头慢慢地走出了省政府,但是那个运粪工站在那里,一动不动。省长于是问他道:"你还站在这儿干什么?你到底是干什么的?"

运粪工回答道:"尊敬的省长,我是一个运粪工!"

省长生气地喝道:"你是一个运粪工?怪不得这个大厅里有一股臭味儿,原来是从你身上飘出来的。"

说完这些话,省长转身对军队总督说道:"是谁把他带到这里来的?"

总督惊慌失措地回答道:"我也不知道他是怎么进来的,好像是跟着纺织工们混进来的,传令官从来没说过让运粪工到这儿来的话。"

气得发狂的省长对那个运粪工大声呵斥道:"你这个愚蠢的家伙,谁让你来这儿的,难道你无事可干吗?"

运粪工冷静地回答道:"不要生气,尊敬的省长大人,我现在就离开这儿,不过金线纺织工和运粪工之间有什么区别呢?他们是拖拉金线,我是拖拉粪便——我们都是拖拉东西的人,难道我说的不对吗?"

* * *

"都是拖拉东西的人"渐渐成为谚语,用来比喻那些把风马牛不相及的事物牵强地拉扯在一起的人。

裁缝的瓦罐

很久以前，有一个裁缝，他在市场门口有一间商铺，位于街道的十字路口，城里的男男女女和各种动物经过时，他都能看见。

一天，正当裁缝忙着做衣服时，突然听到一阵嘈杂的吵闹声从外面传来，他抬起头向外面的街道看了一眼：见有几个人抬着一具尸体，经过他的商铺门口。裁缝低声为死者祈祷之后，继续忙着做衣服。

大概一个小时后，裁缝又听到街道上传来的吵闹声，又有人抬着一具尸体经过，裁缝自言自语道："今天到底发生什么事了？怎么会有这么多人去世呢？真想知道这个城里每天去世的人有多少！"

他扫了自己的商铺一眼，想找个东西来帮他记住每天去世的人的数量。这时，他在商铺的角落里看见两个破瓦罐，便拿过来放在自己身边，再抓一把碎石子放进其中一个破瓦罐里。

一天，邻居过来找裁缝聊天，看到了那两个破瓦罐，对裁缝说道："你也太节约了吧，两个破瓦罐对你有什么用处？"

裁缝说道："那个比较完整的破瓦罐，是为活人准备的；那个比较破旧的瓦罐，是为死人准备的。"

邻居惊讶地问道："你说什么？难道死人还需要喝水吗？"

就在这时，从不远处传来抬尸者们的声音，当他们经过裁缝商铺门前的时候，裁缝把一颗碎石子放进比较破旧的瓦罐里。邻居便问道："你这么做是什么意思？"

裁缝说道："我在记录去世的人数，我想知道这座城里每天有多少人去世。"

邻居奇怪地问道:"难道你是城里的法官或是传令官吗?难道这件事和你有关系吗?"

裁缝微笑着说道:"我只是觉得好玩,用这件事来打发闲暇时间也挺不错啊!"

邻居低声说道:"反正我不喜欢用这种事情打发时间。"

邻居说完这句话后就离开了。

在后来的很长一段时间里,每当邻居看见人们抬着尸体经过裁缝的商铺门口时,他就会想起裁缝和他的瓦罐。

有一天,邻居打开自己的商铺大门,清扫门前的垃圾,他一边打扫,一边等裁缝,等了很久之后,连裁缝的影子都没看到。就在他准备离开的时候,一个人气喘吁吁地跑来对他说道:"你怎么还站在这里?难道你没听到任何消息吗?"

"到底发生了什么事情?"

"你的邻居去世了。"

"愿安拉饶恕他的罪过,他是什么时候去世的?"

"昨天晚上。"

裁缝的邻居摇了摇头说道:"你去通知他的朋友和亲戚们吧,我留在这里,如果有人来找他,我会告诉他们裁缝去世的消息。"

那个人走后,邻居呆呆地站在商铺门口,不知道要干什么。就在这时,一个人腋下夹着一卷布来找裁缝做衣服,他看到紧闭的裁缝铺大门,自言自语道:"裁缝去哪里了?"

站在旁边的邻居问道:"你找他有事吗?"

那个男人回答道:"我想让他用这块布给我做一件衣服。"

"你回去吧,从此以后这儿没有裁缝铺了……"

"没有了是什么意思?裁缝到底去哪里了?"

邻居看了一眼那个男人,说道:"裁缝掉进了瓦罐里。"

* * *

"裁缝掉进了瓦罐里"渐渐成为谚语,形容某人对他人的遭遇漠然视之,最终自己遭遇了同样的不幸。

豺狼和弹棉工

很久以前，有一个弹棉工经常去各个乡村弹棉花，以此来养家糊口。他用弹弓、木槌、铲头等工具给农民弹棉花，给他们做冬天用的被子、褥子以及与棉花有关的各种生活用品。因此，他经常穿行在寒冷的冬日或是白雪覆盖的荒野之中。

有一天，离家很久的弹棉工踏上了回家的路，他高兴地走在一片白雪覆盖的荒野中，突然看见一个黑色的东西向他走来。他停下脚步仔细一看，吓呆了：那是一只豺狼。他吓得发抖，仿佛看见死神正在向他逼近。几分钟之后他强迫自己镇定下来，因为他要想办法让自己活下去。他想到的第一个办法是大声喊叫，但是他震耳欲聋的喊叫声并没有把豺狼吓走，因为那只豺狼太饿了。

看到慢慢走近的豺狼，弹棉工再也想不到其他办法了。最后他像往常一样跪在地上，把弹弓放在脚上，用弹棉花的木槌使劲敲击弹弓上的弓弦，荒野中响起一种尖利的、奇怪的声音。豺狼听到这种从来没有听过的声音，吓得逃跑了。

弹棉工终于松了一口气，他休息片刻，又继续上路了。然而那只饥饿的豺狼并不想放过他，饿得发晕的豺狼继续跟在弹棉工的身后。看到身后的豺狼，弹棉工再次弹响了弓弦，豺狼再次被吓跑了。

　　弹棉工坐在地上休息了一会儿，他想起豺狼被自己吓跑了，默默感谢安拉的护佑。休息了几分钟，他又继续上路了，他想尽快回到自己温暖的家。此刻周围一片寂静，除了脚步声外，他什么也听不到。心中充满恐惧的弹棉工猛然回头看了一眼身后，那只饥饿的豺狼又跟上来了。趁豺狼还没有走近他身边，他再次拿起木槌弹响了弓弦，豺狼又一次被吓跑了，但没过多久，它又回来跟在弹棉工身后。

弹棉工知道这只豺狼还是不想放过他，但他依然没有想出能彻底赶走豺狼的其他有效办法，所以每次豺狼靠近时，他只能用弹弓的声音吓唬豺狼。如此反反复复一直持续到了傍晚，豺狼终于跑累了，恋恋不舍地离开了弹棉工，最后彻底消失在荒野中，弹棉工终于安全地回到自己家中。

弹棉工走进家门，因为极度疲惫和恐惧，他的脸色都变白了。

他的妻子看见他这个样子，问道："你怎么变成这个样子了？"

弹棉工疲惫地说道："今天从早到晚我一直在弹弹弓。"

"那你今天挣了很多钱，是不是？"

"我一个第纳尔都没挣到。"

"为什么？难道你是免费给那些人干活的？"

"不是的，我在回家的路上遇到了一只豺狼，为了吓跑豺狼我弹了一天的弹弓……"

他的妻子听后笑着说道："也就是说你今天没挣到饭钱，是不是？"

弹棉工说道："告诉孩子们，他们的爸爸今天给豺狼免费弹了一天的棉花，所以没挣到吃饭的钱。"

* * *

"给豺狼免费弹了一天的棉花"渐渐成为谚语，形容某人虽努力奋斗，但没得到任何报酬。

鱼和国王

很久以前,一位国王和他的王后正在皇宫里闲聊,这时从远处传来了一个鱼贩的叫喊声:"卖鱼了!卖鱼了!新鲜的鱼,大家快来买啊!"

国王听到叫卖声,对王后说道:"我要从这个鱼贩手里买几条鱼。"

王后生气地说道:"这个世界上连大海都是你的,你喜欢什么样的鱼,手下的人都会给你送过来的,你有必要从一个卖鱼的小贩手里买又臭又不新鲜的鱼吗?"

"就按我说的办吧,今天我就要从那个鱼贩手中买几条鱼。"

国王下令把那个鱼贩带进宫殿。鱼贩知道国王要召他进宫,高兴得手舞足蹈。他被带进宫殿并来到国王面前,毕恭毕敬地站在那里一动不动。怒气未消的王后低声在国王耳边说道:"你问问他,他的鱼是公的还是母的?"

王后想通过这个办法来刁难那个鱼贩,如果鱼贩说鱼是公的,她就说她想要母鱼;如果鱼贩说鱼是母的,她就说她想要公鱼。

鱼贩是个非常聪明的人,听到这个问题,他恭敬地、不慌不忙地回答道:"这些鱼,不全是公的也不全是母的。"

国王和王后听到这样的回答都愣住了，但很快国王就笑了，因为他喜欢这个机智过人的鱼贩。国王命人给了这个鱼贩几倍的价钱，鱼贩高兴地拿着钱准备离开宫殿。然而，由于极度高兴，鱼贩手忙脚乱，一枚硬币从他手中掉在了宫殿地上，向国王那边滚去。

鱼贩像个孩子一样跑来跑去地追那枚硬币，最终在宫殿的角落里找到了它，并小心翼翼地装进了口袋。本来就不喜欢鱼贩的国王妻子，

看到这个情景,对国王说道:"这个人不值得你这样对待他。你对他那么好,他却为了捡一枚硬币,那么无礼,没经过你的允许就在宫殿里跑来跑去。"

听了妻子的话,国王生气了,对鱼贩说道:"愚蠢的小贩,看看你都做了些什么?"

鱼贩困惑地问道:"我做了什么?"

国王说道:"你为什么没经过我的允许就在宫殿里跑来跑去?难道你没看见我在这里吗?难道你以为这里是荒郊野外吗?"

鱼贩拿出那枚硬币,贴在自己的一只眼睛上,说道:"尊敬的国王,我追它不是因为它是一枚硬币,而是因为它的价值。为这枚硬币我可以再跑一百次,累死我都愿意。"

"你为什么要这么做?难道我给你那么多钱都满足不了你那贪婪的眼睛和心吗?"

"尊敬的国王,这枚硬币是您赏赐给我的,所以我才要想尽一切办法找到它,否则我怎么可能为了区区一枚硬币,就那么无礼地在宫殿里乱跑呢?"

听完他的话,国王高兴地说道:"你说得太对了,我还要赐你一些礼物,以示奖励。"

鱼贩又得到了国王赏赐的几枚金币。王后还想埋怨几句,国王说道:"你不要再说了,这些麻烦都是你惹出来的,如果一开始你没有提出公鱼还是母鱼的问题,那个鱼贩就不会说'不完全是公的也不完全是母的';如果你没有说他的那些坏话,我就不会被迫给他赏赐!"

鱼贩喜出望外,做梦都没想到用一条鱼得到了那么多金币,他心满意足地拿着那些金币走出了宫殿。

* * *

"不全是公的也不全是母的"渐渐成为谚语,比喻说话做事模棱两可,言不由衷。

男人和南瓜

很久以前,一个头脑简单的男人去一座他从来没有去过的城市。一路上,他想了很多很多:到了那个城市后他要去哪些地方、要买什么东西以及要去看哪些风景等,想到这些,他得意扬扬地向前继续走去。突然他自言自语道:"我怎么会有这么愚蠢的想法呢?为何给自己徒增烦恼?万一走丢了该怎么办?"

他左思右想,怎么做才能在一个陌生的城市里不迷失。就在这时,他看见一个男人用驴拖着一车南瓜沿街叫卖,他便走过去问好,说道:"我想买一个漂亮的南瓜。"

卖南瓜的人问他道:"我听说过'西葫芦',但从没听过叫'漂亮的南瓜'的东西。"

那个头脑简单的男人说道:"你都不知道那是什么东西,那我买它干什么?"

卖南瓜的男人从他的南瓜中挑了一个长得比较好看的,对他说道:"看看这个,你在全世界都找不到这么圆、这么漂亮的南瓜了。"

那个人于是买下了南瓜,用一根绳子把南瓜绑起来,挂在了自己的脖子上。他高兴地一边走一边自言自语道:"现在好了,这个南瓜就是我的标志,到城里之后不管我走到哪里,我都不会把自己弄丢的。"

说完这句话,他兴高采烈地继续向前走去。由于路途遥远,他走了几个小时才走到城里。虽然疲惫不堪,但他从来没有来过这座城市,仍马不停蹄地走街串巷、买这买那,买了一大堆吃的喝的。他终于走不动了,想找个地方睡一觉。他看见了一棵很大的树,便走过去,躺在树荫下呼呼大睡。在他睡得正香时，一个无所事事的、狡猾的本地人从他的身旁经过，看见他的脖子上挂着一个南瓜后，就悄悄地把南瓜取下来挂在了自己的脖子上，然后躺在了他的旁边。

几个小时之后，那个头脑简单的男人睡眼惺忪地爬了起来，他迷迷糊糊地向周围看了一眼，不知道自己在哪里，他用手摸了一下脖子，却发现挂在脖子上的南瓜不见了。他看到睡在旁边的那个男人脖子上挂着一个南瓜后，便叫醒了那个男人，说道："快起来，让我看看你脖子上的南瓜。"

那个男人爬起来后问他道："怎么了？你为什么要把我叫醒？"

"我的南瓜怎么跑到你的脖子上了。"

"这个南瓜从一开始就挂在我脖子上啊！"

"什么意思？怎么可能？"

"难道发生什么事情了吗？"

那个头脑简单的男人说道："如果我是我，我的南瓜去在哪里了？如果你是我，我又是谁？"

* * *

"如果我是我，我的南瓜去哪里了"渐渐成为谚语，形容某人行事幼稚，不善思考。

老鼠和生铁

很久以前，有一个商人准备去一个很远的地方做生意，但是家里还放着一百多曼①的生铁。他找到一个朋友后说道："我要出去几个月，想把一百多曼的生铁托付给你，等我回来之后你再还给我。"

他的朋友说道："没问题，你还有什么要托付的东西尽管给我，你就放心去吧！"

商人把他的生铁托付给朋友后就走了。商人走后不久，那个不守信用的朋友起了贪婪之心，很快他把商人托付给他的一百多曼生铁卖掉，把钱据为己有了，他认为那些生铁的主人不会再回来找他了。

几个月过去了，去远方做生意的商人拖着疲惫的身体回来了，生意失败，他身无分文地回到了自己的家乡。到家后他马上去找那个朋友，想把自己托付给他的生铁要回来。找到那个朋友后他说道："我的兄弟，麻烦你了，请你快点儿把我的生铁还给我吧。愿安拉保佑你，我现在什么都没有了。"

那个朋友遗憾地摇摇头说道："但愿我早点儿死去，真不想看到这种悲惨的情形。"

---

① 曼，伊朗计量单位，约等于12千克。

"千万不要这么说,到底发生什么事情了?"

"你觉得会发生什么事情呢?我家的老鼠太多了,我把你的一百多曼生铁放在地下室,被老鼠吃掉了。"

商人沉思了一会儿,说道:"不要担心,你也不要折磨自己了,我知道发生了什么事情。老鼠铁齿铜牙,最喜欢吃生铁。我的生铁丢了,一定是被老鼠吃掉了。"

商人继续说道:"那我明天再来找你!"

商人走出朋友家门,看见朋友的小儿子在不远处玩耍,便走过去邀请朋他去家里做客。第二天早上,大街小巷都流传着这样一个消息:商人朋友的小儿子失踪了。商人来到朋友家,他看见朋友一脸愁容、焦急不安地在院子里走来走去,商人问朋友:"亲爱的朋友,你怎么了?你怎么变成这个样子了?"

朋友说道:"我的小儿子昨天失踪不见了,到处找都找不到。"

商人问道:"是那个身穿白衣服的小男孩吗?"

"是的,你在哪里看见他了?"

"我看见他飞上天了。"

那个朋友惊恐地问道:"他死了吗?"

"没有,他还活着,老鹰把他叼走了。"

朋友用拳头捶打着自己的脑袋对商人说道:"你疯了吗?老鹰怎么可能叼走小孩子呢?老鹰叼的也许是其他东西。"

"我亲眼看见那只老鹰叼走了你家小儿子。"

"我不知道该说什么好,什么鸟能把一个小男孩叼走?"

商人笑着说道:"既然城里有吃生铁的老鼠,也一定有能叼走小孩子的老鹰。"

朋友顿时明白了商人的意思,低下头羞愧地说道:"我知道你在说什么,我现在就把一百多曼生铁的钱还给你。"

商人摸着他的肩膀亲切地说道:"我现在就把你可爱的儿子带回来交给你。"

* * *

"老鼠啃生铁,老鹰叼小孩"渐渐成为谚语,比喻某人聪明反被聪明误,最终谎言被揭穿。

面包和水井

很久以前，一个有钱人决定挖一口井，他找来几个打井人，并对他们说道："从这个地方开始挖，一定能挖出水来。"

打井人开始工作了，然而无论挖多深，就是没有水。他们对领头人说道："我们还要干多久？已经挖得很深了，连水的影子都看不到。你赶紧去给主人说，看看该怎么办。"

领头人找到有钱人，说道："尊敬的先生，水好像要和我们绝交。挖得很深了，就是找不到水，现在该怎么办？"

有钱人说道："你们不用操那么多心，就在那口井旁边再挖一口井就是了。"

打井人又重新开始工作，他们希望这次能够挖到水，但遗憾的是，他们挖了很久，还是没有看见水。疲惫至极的打井人找到头领，说道："还是没有挖到水，怎么办？"

领头人说道："我也不知道为什么挖不到水。没办法，只好再去找主人问问，看他怎么说。"

领头人见到主人后说道："尊敬的先生，我们还是没有挖到水，您说该怎么办？"

有钱人说道:"你们继续做你们该做的事吧。"

"您的意思是我们继续挖井,是吗?"

"是的,一直挖到出水为止。"

打井人继续挖井,可是几天之后他们还是没看到一滴水。其中一个打井人精疲力竭地爬出井口,说道:"就是打死我,我也不再挖井了,我们这是在自己骗自己。"这次头领生气了,他跑到那个有钱人的面前说道:"先生,无论您再说什么,我们都不干了,我的打井人快要累死了,却没看到一滴水。"

"为什么挖不到水?"

"我们也不知道是什么原因,挖了那么深就是挖不到水。"

"那你为什么这么生气呢?"

"我为什么不能生气?"

"我让你做什么你就做什么,告诉你的打井人继续挖井,我知道那个地方有水。"

"尊敬的先生,那里没有水。"

打井人头领继续说道:"先生,这一行我们干了很久了,我以我的生命发誓,那儿绝对没有水,我们就是挖到死也挖不出水来。"

有钱人走过来拍着头领的肩膀说道:"我也说一句让你放心的话——即便我没有水喝,也不会让你们饿着!你们只管领工钱,继续干活,其他的事就不要管了。"

* * *

如果有人想要别人帮他做一件无所谓结果的事,可以和对方说:"即便我没有水喝,也不会让你们饿着。"

杏　核

　　很久以前，一个男人在市场里转悠的时候，看见有人在卖杏子。因为他很喜欢吃杏子，所以没有问杏子甜不甜，就直接买了几斤。在回家的路上，他看见了一条小溪，便拿出杏子洗干净，坐在一棵树下开始吃。刚咬了一口，他感觉杏子很苦，就像是吃了毒蛇的毒液一样苦不堪言。尽管这样，他还是没有生气，他对自己说道："没关系，也许只有这一个杏子是苦的。"

　　他拿起第二个杏子放进嘴里，这个杏子也是苦的。他看了一眼杏子说道："我搞明白这是怎么一回事了，因为我太喜欢杏子，所以没看清楚就急急忙忙地买了这么多，原来这些杏子不是压扁的就是坏了的。"

　　他看了一眼溪水，又看看杏子，想把坏了的杏子扔掉，但又舍不得，他自言自语道："扔掉太可惜了，杏子是苦的，或许杏核是甜的。"

　　想到这里，他又开始吃起杏子来。每吃完一个杏子，就把杏核放在身边。

　　这时，从不远处走来一个穷人，看见他坐在树底下忙着吃杏子，便来到了他身边，站在那里一动不动地看着他。忙着吃杏子的男人并没有注意到他身边站着一个穷人,因为他太专注于吃杏子了。穷人不知道他吃的是什么杏子,但看他吃得那么专注,穷人咽了一口口水,说道:"你好幸福啊,看你吃得那么香。你吃的究竟是什么杏子?再说你要那些杏核干什么?"

那个男人一边吃杏子,一边说道:"你也看见了我放在身边的杏核,是吗?"

穷人再次问道:"你怎么不扔掉那些杏核呢?"

"我为什么要扔掉杏核?"

"杏核没什么可吃的。"

吃杏子的男人打量了穷人一眼,问道:"你是谁?你不知道我为什么要吃这些杏子吗?"

"我怎么知道你为什么要吃杏子,难道和别人有什么不一样吗?"

"我和别人不一样,我吃杏子是为了杏核。"

穷人平静地说道:"那你不打算把杏核施舍给我,是不是?"

"赶紧走开,你不知道为了这杏核我吃了多少苦!"

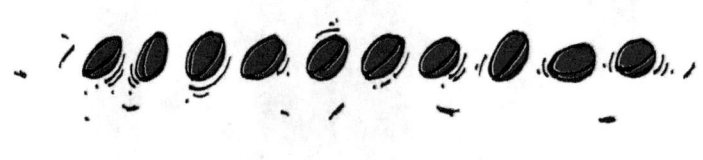

* * *

"吃杏子是为了杏核"渐渐成为谚语,形容某人为了获得微不足道的利益,不惜承受艰难困苦。

男人和帽子

很久以前，有一个男人买了一顶他渴望了很久的帽子，他把帽子戴在头上时，感觉自己变得和往常不一样了，他觉得自己是这个世界上最幸福的男人。

那顶帽子的确让那个男人忙得不可开交：晚上他要把帽子放在屋子里最好的地方，然后盖上一块白布以防灰尘落在帽子上；戴着那顶帽子出门办事的时候，他要小心翼翼地走路，以防帽子从他头上掉下来；如果遇到刮风天，他还要用手按住帽子，以防被大风刮走。

有一天，让那个男人满心欢喜的帽子丢失了，他伤心了很长一段时间。他永远忘不了那顶心爱的帽子带来的快乐。

帽子是怎么丢的？在某个炎热的一天，他走路时感觉很渴，于是来到一条小溪边喝水，以便让自己恢复体力继续赶路。他喝完水，不经意地看了一眼自己在水中的倒影。

这时，他才知道自己和自己的帽子有多漂亮，为了看得更清楚一点，他把头又放低了一点，帽子突然滑下来掉进了水里。他对自己做的事感到很好笑，于是伸出手准备把帽子从水里捞出来，但是帽子已经随着水流漂走了。

他站起来向帽子追去,但溪水流动得很快。他的帽子越漂越远,他使劲追,然而怎么也追不上,眼睁睁地看着帽子被溪水带入河流,最后消失不见了。

他筋疲力尽,瘫坐在地上,恢复过来后,不死心的他又在河边找了几遍,问了几个人有没有看见他的帽子,但所有人都说没有见到。男人

沮丧地回到家里，他不知道该怎样向朋友们解释这件事情。在路上他遇到一个朋友，朋友看见他后问道："你的帽子去哪里了？"

"被水带走了。"

"被水带走了？你为什么没抓住它？那么漂亮的帽子，被水带走了你不伤心吗？"

另外几个朋友也这么问他，所以他自言自语道："我必须要想个更好的办法来回答他们，否则他们是不会放过我的。他们肯定以为是我偷懒而让帽子掉进了水里。"于是，又有一个朋友问他帽子的事情时，他回答道："帽子掉进水里，是因为它太大，不适合我的头。"

* * *

"被水带走的帽子好过不合尺寸的帽子"渐渐成为谚语，比喻一个人失去某件东西，再也无法重新获得时，用挑毛病的方式试图安慰自己。

磨坊工和面粉

很久以前,有一个人把自己的粮食用驴车拉到磨坊,交给磨坊工磨成面粉。他坐在磨坊里紧紧地盯着磨坊工,以防磨坊工偷粮食或面粉。磨坊工是个手脚不太干净的人,经常趁那些粮食主人不注意的时候,偷走一些粮食或面粉,但这次他遇到了一个聪明人,没能偷到一丁点儿粮食或面粉。尽管这样,磨坊工还是想偷那个人的面粉,当粮食磨成面粉后,他突然站起来对那个男人说道:"你待在这儿不要动,直到我回来为止。"磨坊工说完就走了。面粉的主人自言自语道:"如果我没猜错,这个磨坊工一定在搞什么阴谋诡计,我一定要小心,不能上他的当。"

于是,面粉的主人用手指在自己的面粉上画了一头驴和一匹小马驹。

此时躲在磨坊外面的磨坊工想出了一个办法,他悄悄地走到面粉主人的驴子身边,解开驴子的缰绳。获得自由的驴子飞快地跑走了。

磨坊工假装着急地跑进磨坊,对面粉的主人说道:"你怎么还安心地坐在这里一动不动?"

"发生什么事情了吗?"

"你的驴子发疯了,它挣脱缰绳跑了。"

面粉的主人听到这个消息后跳了起来,赶紧去追驴子。面粉的主人离开后磨坊工笑着说道:"现在你还能监视我吗?我要让你看看监视我的下场是什么。"

他拿来一个袋子,将面粉装进袋子里,藏在磨坊的一个角落。正在这时,他发现面粉上画的驴子和小马驹的图案已经不太完整了,他自言自语道:"这个人实在太聪明了,竟然想出在面粉上画图案的方法来阻止我偷面粉!但是没关系,让我给他画一个更漂亮的驴子和小马驹,这样他就不会发现我偷了面粉。"

磨坊工在面粉上也画了一头驴子和一匹小马驹。刚刚画完,面粉的主人喘着粗气、满头大汗地走进了磨坊,磨坊工冷静地问道:"找到你的驴子了吗?"

"找到了,快累死我了,不知道它是怎样挣脱缰绳的。"

"也许你没有绑紧缰绳。现在帮我把你的面粉装进袋子里,好让你把面粉带走。"

面粉的主人拿起一个袋子准备装面粉,他看到面粉上的驴子和小马驹的图案,大声喊叫道:"小偷!你是小偷!你偷了我的面粉!"

磨坊工说道:"冤枉我是小偷,你不觉得难为情吗?如果不是我通知你,你的驴子早就跑得无影无踪了。"

"不用你来同情我,就是你偷了我的面粉。你让我去追驴子,就是为了方便你偷我的面粉。"

"你怎么知道我偷了你的面粉?"

面粉主人指着画在面粉上的驴子和小马驹的图案说道:"从这个动物图案上,我就知道你偷了我的面粉。我画的驴子在前面,小马驹在后面;但现在驴子在后面,小马驹却在前面,这说明你在匆忙中搞错了它们的位置。"

磨坊工大声笑着说道:"你是怎么想的?难道你不知道小马驹跟着妈妈出门之后不会待在同一个地方吗?难道你不知道它时而跑在妈妈前面,时而跑在妈妈后面吗?难道你不知道小马驹不懂礼貌吗?"

* * *

"小马驹不懂礼貌"渐渐成为谚语,比喻为人处世不懂礼节,不守规矩。

贫穷的搬运工

很久以前,有一个心地仁慈、性格温和、勤劳吃苦的搬运工,他用自己仅有的一头驴,每天给别人运送货物,以此养家糊口。

他的日子就这样平静地过着。突然有一天,他的驴子尥蹶子不好好走路,他大声训斥驴子道:"你怎么了?为什么不能像其他驴子一样好好走路呢?不要让我再看到你尥蹶子的样子!"

但是那头可恶的驴子没有听他的话,刚走了几步又开始尥蹶子了。

他对驴子说道:"这次原谅你,但是你如果再不听话,看我怎么惩罚你!"

驴子担心受到惩罚,一整天没再尥蹶子。但是第二天,当他经过市场的时候,驴子突然挣脱缰绳向前跑去,无奈的搬运工只好去追。路上的老老少少看见奔跑的驴子和搬运工,纷纷躲到路边避让,最后,驴子跑累了,停在了一个商铺的门前。

很快,驴子周围聚集了很多人,他们互相询问驴子的主人是谁。过了一会儿,疲惫不堪、上气不接下气的搬运工跑了过来,此时,围在驴子周围的人们七嘴八舌地帮搬运工出主意。

其中一个路人说道:"好好教训它一顿它就老实了。"

另外一个路人说道:"饿它几天,它就不会乱跑了。"
还有一个说道:"赶到驴圈里关上几天它就听话了。"

搬运工不知道该说什么,他一声不吭地站在那里,听人们谈论驴子。几分钟之后,人们终于说完了,搬运工低着头不好意思地牵起驴子

的缰绳，向自己家的方向走去。在路上，搬运工对驴子说道："我知道该怎么办了。以前让你过得太舒服，天天好水好草地伺候你，你却这么对我！既然你让我丢人，我对你就不客气了。"

搬运工把驴子赶到驴圈关起来，不给它喝水也不给它吃草。几个小时过去后，驴子变得安静了许多。但是慢慢地，它发出了一阵低低的吼叫声。搬运工说道："别叫了，没用的！你什么时候变得听话了，我就什么时候给你吃草。"

搬运工是个心肠仁慈的人，他实在不忍心让驴子忍饥挨饿，于是拿着水和草放在了驴子的嘴边，饿极了的驴子安静地吃起草来。到了第二天，搬运工牵着驴子搬运货物，它又开始尥蹶子了。这次搬运工真的生气了，他挥起手中的木棍狠狠抽打驴子，驴子疼痛难忍，挣脱主人逃跑了。可怜的搬运工又开始追着驴子满街跑。街上的人们看到这个情景，也开始帮搬运工追驴子，就这样，搬运工在驴子后面跑，而其他人在搬运工的后面跑。驴子飞快地跑着，搬运工不时地挥动手中的木棍敲打着驴子的屁股。

狂奔的驴子终于停在一条死胡同里，追过来的搬运工也瘫坐在地上不停地喘着粗气，几个身体强壮的男人也跑过来，想看看搬运工怎样处置这头驴子。搬运工休息了几分钟，站起来取下驴背上的鞍子，疲惫至极的驴子静静地站在原地，一动不动。搬运工把鞍子放到地上，对驴子说道："该死的驴子，你要累死我吗？现在让你看看我怎么处罚你。"

他从鞍子上取下一条皮鞭，把皮鞭的一头紧紧缠在自己的右手上，狠狠地抽打鞍子。站在旁边的驴子很奇怪搬运工为何要抽打鞍子而不抽打它。周围的人们看见搬运工的举动，也哈哈大来。

其中一个人问搬运工道："你这是在干什么？"

搬运工回答道："我在惩罚我的驴子。"

那个人又问道:"你这样做有用吗?你没有能力教训驴子,就拿鞍子出气。你就算累死了,鞍子也还是那个鞍子。"

*　　*　　*

"你没有能力教训驴子,就拿鞍子出气"渐渐成为谚语,形容某人遭受欺凌却无法回击,转而报复他人。

懒惰的小男孩

很久以前,一个小男孩被他的父母送到学校读书,想让他学习一些知识,并让他和其他孩子们一起快乐地成长。在进入学校的第一天,他过得很高兴,因为有其他同龄的孩子和他一起玩耍和嬉戏。但是到了第二天,他坐在教室里上课并被要求写作业,他觉得太难了,因此,他上学的时候故意迟到,下学的时候故意早退。

有一天,他的老师把他带到一个角落里,对他说道:"你知道别人怎么称呼像你这样的孩子吗?"

"怎么称呼?"

"他们叫你'懒孩子',如果你不喜欢被别人这么称呼,那就赶紧好好学习。"

小男孩反驳道:"我不懒,我只是不愿意读书而已。"

老师说道:"那就好好读书,向其他孩子证明你不是一个懒孩子,因为不读书就是一种懒惰的表现。"

但是对于老师的话,小男孩左耳进右耳出,依然我行我素,不好好学习。

日子就这样一天天过去了,小男孩依旧不好好学习。终于有一天老师大声叫他"懒孩子",可是小男孩还是那个样子,没有丝毫的改变。老师被逼无奈,拿起树枝来惩罚他,可是还是没有取得任何效果。

老师被小男孩折腾累了,不想再管他,但还是暗中观察着他,看看他在干些什么事、说些什么话。

有一天,老师在上课的时候,不经意地看了那个小男孩一眼,小男孩嘟嘟囔囔地不知在说些什么。老师很高兴,他以为小男孩在低声读课本,便把他叫过去,语重心长地说道:"很高兴看到你读书,如果你继续坚持下去,你会成为我们学校最好的学生。"

"我没有读书。"

"那你在干什么?你的嘴唇为什么在动?"

"我不能说。"

听他这么说,老师生气地扇了他一个耳光,然后说道:"滚过去坐到你的位子上,让我白白高兴了一场,真是个懒惰的孩子!"

小男孩低着头回到自己的座位上,但是老师的心却无法平静,他很想知道那个小男孩低声说了些什么。他把小男孩的座位调到离自己最近的地方,这样自己就能听到他经常嘟囔的是什么。一天,孩子们的吵闹声比平时小一些,老师听到小男孩低声说道:"愿某人去死!愿某人去死！"

老师明白小男孩是在咒骂别人，急切地问道："你想让谁去死？"

受到惊吓的小男孩脱口而出："我祈祷你去死，这样我就不用读书不用上学了。"

老师大声笑道："你总不会祈祷自己的父亲去死吧！否则即便我死了，你的父亲还会把你送到其他学校，还会有其他老师让你读书的。"

* * *

"祈祷自己的父亲去死吧"渐渐成为谚语，比喻某人想要摆脱困境，却不勤奋努力，而是走歪门邪道。

牙齿的梦

很久以前,有一位哈里发住在巴格达城里,半夜被噩梦惊醒,醒来后想起梦中的情景时,他依然浑身发抖。他再次躺到床上想再睡一会儿,却怎么也睡不着,于是他起床在宫殿里走来走去,一直走到天亮。

早上,大臣去找哈里发处理几件国家大事。他见到哈里发,发现他一脸疲惫,睡眼惺忪,便问道:"什么事情让您这么担心,让您这么疲惫不堪?"

哈里发揉了揉眼睛,说道:"昨晚我做了一个梦,惊醒后就再也没有睡着,所以变成了现在这个样子。"

大臣说道:"您不要着急,也许是个好梦。为了让您安心,我去找两个解梦人,让他们给您解释一下。"

"如果我的梦寓意不好,怎么办?"

"您放心,肯定是好梦,让解梦人来给您解释。"

大臣很快找来了两个解梦人。第一个解梦人见到哈里发,说道:"尊敬的哈里发,祝您万寿无疆!请把您的梦一字不漏地说给我听。"

心有余悸的哈里发说道:"我梦见我的牙齿突然间全掉了。"

第一个解梦人听后说道:"您说的是真的吗?这个梦太奇怪了,我从来没有听过这样奇怪的梦。"

哈里发说道:"快告诉我这个梦到底是什么意思。"

第一个解梦人说道:"这个梦意味着,您的亲人会全部死去,只有您一个人活在世上。"

哈里发听闻此话，焦急地捶打着自己的头说道："该死的解梦人，你怎么能说这样的话呢？我要下令重重惩罚你。"

第一个解梦人急忙说道："尊敬的哈里发啊，难道我说错了吗？"

哈里发回答道："愚蠢的人啊，我的亲人们都死了我活着还有什么意思？赶紧滚下去，我再也不想见到你。"

第一个解梦人被带走了，哈里发问第二个解梦人："现在你说说，我的梦是什么意思？"

第二个解梦人看了哈里发一眼，然后说道："尊敬的哈里发啊，我要告诉您一个好消息，您昨晚的梦是个好梦。梦中您的牙齿掉了，意思是说您的寿命比您家人的寿命更长。"

哈里发听到第二个解梦人的话，微笑着说道："你说得太好了，我要好好赏赐你，你的话让我很高兴。"

哈里发派人拿来很多东西，赏赐了第二个解梦人，亲自将他送出宫殿。

站在宫殿里的一个人轻声对大臣说道："两个解梦人的话都是一个意思，但是要懂得说话的艺术，不同的人说出不同的话——一个用不吉利的话解释了梦境，受到了惩罚；另一个用吉利的话解释了梦境，得到了赏赐。"

*　　*　　*

　　"不同的人说出不同的话"渐渐成为谚语，比喻因说话方式不同而受到区别对待。

毒蛇的友情

很久以前,有一个人和一条毒蛇是朋友。他们的友谊持续了很长时间,每次那个人外出,他都会跑到毒蛇居住的地方对毒蛇嘘寒问暖。毒蛇也很高兴能和这个人结为挚友,非常珍惜自己和人类之间的这份友情。

在一个宁静的日子里,他像往常一样,去毒蛇那里嘘寒问暖。当他准备离开的时候,毒蛇对他说道:"请稍等,我有东西要送给你。"

毒蛇拿出一枚金币放到了他的手里。他问道:"你为什么要送我金币?"

毒蛇说道:"很久以来,我觉得你是一个和蔼、忠诚的朋友,从今以后,我每天送你一枚金币,但是你千万不要告诉别人,这是我们俩的秘密。"

那个人听了毒蛇的话非常高兴,拿着金币回家了。在那以后,他又来了几次,每次来毒蛇都会送他一枚金币。

有一天,他的儿子问道:"父亲,最近我们家的生活状况变得好多了,您从哪里挣到这么多的钱?"

他看了儿子一眼,说道:"你不要管大人的事,如果有必要我会告诉你的。"

听父亲这么说,男孩知道父亲有事瞒着他,至于是什么事他就不知道了。他决定跟踪父亲,观察金币是从哪里来的。

有一天,男孩看见父亲神神秘秘地向远处走去,他偷偷地跟在父亲身后。没过多久,他看见父亲蹲在一个废墟角落里,和一条毒蛇说笑。之后毒蛇给了他的父亲一枚金币,父亲拿着金币匆匆离开了。

知道这个秘密后,男孩高兴得不知如何是好。他心想:"我要想办法拿到毒蛇洞里的全部金币,那样我就是一个富翁了。"

几天后,男孩确定父亲不会去找毒蛇要金币,所以决定亲自去毒蛇的洞口,把全部金币据为己有。他来到毒蛇洞前叫了几声,毒蛇很快从洞口露出了脑袋。男孩温柔地请求毒蛇再爬出来一点,毒蛇不知道男孩的阴谋,放心地爬出了蛇洞。突然,男孩迅速地抓住了毒蛇,对它说道:"赶紧告诉我那些金币在哪里,否则我把你摔死在石头上。"

毒蛇拼命挣扎,朝男孩的脚上咬了一口。疼痛难忍的男孩松开了手,毒蛇掉在地上,趁机钻进了蛇洞里。而男孩倒在地上,毒性发作,很快就死了。

男人回家后,发现儿子不见了,他跑出去向左邻右舍打听他儿子的消息。后来有一个人告诉他,在不远处的废墟里,发现了一具年轻人的尸体。男人焦急不安,向废墟跑去,他在蛇洞附近看见了儿子的尸体。他明白了儿子是被毒蛇咬死的,但他不知道毒蛇为什么要咬死自己的儿子。

几天后,他来到蛇洞前,毒蛇从洞口爬了出来,一脸恐惧地看着他。

男人伤心地问道:"你为什么要杀死我的儿子?"

毒蛇说道:"难道我没对你说过不要把我们的事情告诉任何人吗?"

那个男人说道:"我没有告诉我儿子,也许他偷偷跟踪了我,发现了这个地方。现在告诉我,你为什么要杀死我的儿子?"

"你儿子想要杀死我,出于自卫,我咬了他一口,但是我绝对没想咬死他。"

愤怒的男人突然抓住蛇头把毒蛇从洞口拉了出来,他使劲掐住毒蛇的脖子想杀死它,毒蛇扭动着身子想咬一口男人,但是没有成功。毒

蛇终于找到机会逃进洞口,男人奋力抓住了毒蛇的尾巴,由于用力太大,毒蛇的尾巴被他掐断了。最后,他无计可施,发誓要杀死毒蛇,给儿子报仇。

很多天过去后,那个男人心中的悲伤和愤怒减轻了许多,这时他想起了他和毒蛇之间的友情,想起了毒蛇每次给他金币时的情景。于是他对自己说道:"就这样毁掉我和毒蛇之间的友谊,实在太可惜了。再说是我儿子想动手杀死它,我应该去安慰安慰它,说不定它会再次给我金币的。"

他再次来到了废墟角落的蛇洞前,他轻声地、温柔地叫了几声,藏在洞里的毒蛇惊恐地说道:"你走吧,我再也不想见到你了。"

"我想和你继续做朋友,过去的就让它过去吧!"

毒蛇从洞口探出头后说道:"没用的,我和你的友谊已经结束了。"

"为什么?"

"因为我和你之间的友谊已经不存在了,当我看见自己断了的尾巴时,当你想起你死去的儿子时,你我之间的友谊就已经不存在了。"

＊　　＊　　＊

"毒蛇的尾巴断了"这句谚语指亲密的朋友受到伤害,友谊一去不复返。

嘴巴和城门

很久以前，哲人鲁格曼和儿子去旅行。在旅行的路上，鲁格曼给了儿子很多有益的忠言和劝告，并且对他说道："如果你认为你做的事情是正确的，那么就去做，不要在意别人的议论。"鲁格曼的儿子听后问父亲道："您说的这句话是什么意思？"

鲁格曼指着跟在身后的驴子，说道："你很快就会明白的，现在你骑到驴背上去吧！"

儿子骑到驴背上，鲁格曼牵着驴子的缰绳向前走。他们来到一座城门外，正在地里干活的几个农民，看见鲁格曼和骑在驴背上的儿子后笑着说道："看看现在的世道变成什么样子了，年轻的儿子骑在驴背上，而年老的父亲却走路。"

鲁格曼的儿子低声问父亲道："父亲，我该怎么办？"

鲁格曼回答道："不要担心，儿子，现在我们来交换一下位置，再看看人们怎么说。"

于是儿子牵着驴子的缰绳在前面走，鲁格曼骑着驴子跟在后面。几个小时后，他们来到城里，街上有几个人指着他们说道："看看他们，可怜的孩子用双腿走路，而他的父亲却若无其事地骑在驴背上，这是什么世道啊!"

哲人鲁格曼对儿子说道:"你听到他们说什么了吗?为了不让他们在背后议论我们,我们再做另外一件事。"

"什么事?"

"我们两人都骑到驴背上,这样人们也许就不会再说闲话了。"

哲人鲁格曼说完这句话，就和儿子一起骑到了驴背上。当他们经过一个村庄时，从不远处传来的一阵议论声，又打破了他们内心的平静："快看啊，两个强壮的男人骑在一头又瘦又小的驴子背上，他们实在太残忍了，那头驴子真可怜！"

鲁格曼的儿子问："父亲，现在该怎么办？"

哲人鲁格曼说道："那就让我们来救救这头驴子吧！"

"怎么救？"

"我们俩都不骑驴子了，就让驴子跟在我们身后吧！"

父子两人走在驴子前面继续赶路，而驴子一身轻松，摇头晃脑地跟在后面。

就这样，鲁格曼和他的儿子一直向前走去，他们想这下再也不会有人在背后说闲话了。但很快，他们的这种想法被打破了，因为当他们走到另外一个地方时，几个人又开始笑着谈论他们了。

其中一个说道："快看啊，他们有驴子，但却要自己走路，难道不可笑吗？"

另外一个人说道："我们快去跟在他们后面看看，也许他们是两个'伟大的学者'，那样的话我们还能学到一些有用的知识。"

儿子低声说道:"父亲,您听到了吗?他们以为我们是疯子。"

鲁格曼说道:"你看见了吧,不管我们走到什么地方,不管我们做什么,都会有人议论我们。现在你明白我一开始跟你说的那句话的意思了吗?你要明白这个道理:如果你做的事情是对的,就不要担心别人的议论,古人曾经说过'城门可以关闭,但人言不可禁止。'"

* * *

如果一个人因为害怕别人的议论而不敢做自己该做的事情,可以用"城门可以关闭,但人言不可禁止"这句谚语劝诫他。

强盗和母亲

很久以前,有一个年轻人以偷盗为生,不管他可怜的母亲怎么劝他,怎么伤心难过,他都置之不理,仍胡作非为,违法乱纪。有一天,母亲拉着他的手说道:"儿子啊,我知道无论我怎么劝你,你都不会听我的话,现在我只要求你为我做一件事:我希望你给我带回来一件合法的东西,一件通过你自己的努力得来的东西,可以吗?"

强盗说道:"说吧,母亲,您想要什么东西?我一定会通过合法的方式给您弄到,您只需告诉我您想要什么东西就可以了。"

母亲悲伤地摇了摇头说道:"我已经感觉到自己快要离开这个世界了,我只想让你给我带回来一块白布,我要用它做一件寿衣。你能为我做这件事吗?"

"亲爱的母亲啊,您放心吧,我一定给您带来一块合法的、您从来没有见过的白布。"

实际上,母亲想通过这个办法阻止儿子偷盗的行为,哪怕仅仅一次。她想让儿子体验一下,通过自己劳动合法收获,是一种什么滋味,以此希望儿子能够走上正道,过上坦坦荡荡的生活。

年轻人走出家门,想了很久,但他始终没有想出通过合法手段得到母亲想要的东西的办法,因为他已经习惯了偷盗生活,除了偷盗他什么都不会。

他沮丧地向城里的客栈走去,他想知道,最近有没有运送布匹的商队经过这个城市。经过一番打听,他得知一支驮运布匹的商队很快就要来这个地方,而且他也打听到了商队会经过哪条路来这个城市。他骑着一匹马飞快地跑出城门,很快到了商队的必经之路。他从马背上跳下来,藏在一个隐蔽的山丘后,等待商队的到来。不久,那支商队果然在不远处出现了。

就在商队经过时,他骑着马,大叫着从山丘后面冲到了商队面前。商人们看到强盗,吓得瑟瑟发抖,呆呆地站在原地。强盗大声喊道:"把牲口背上的东西都卸下来放在地上。"

商人们吓得不知所措,乖乖地把所有货物放在地面上。

强盗看到一块白布,说道:"这块白布的主人是谁?赶紧给我站出来。"

一个胆子较大的商人疑惑地问道:"你想要那块白布拿走就是了,为什么要找那块白布的主人呢?"

"你少管闲事,赶紧把白布的主人带过来!"

白布的主人战战兢兢地来到了强盗面前,蒙着面的强盗从马背上跳下来,对那个商人说道:"那块白布是你的吗?"

"是的,是我的,怎么了?"

"是合法的吗?不是你偷来的吧?!"

可怜的商人回答道:"我怎么可能干偷盗的事情呢?你为什么要问这样的问题?"

"因为我想拿一块合法的白布回家,既然你说你的白布是合法的,我就放心了。"

"你说这话是什么意思?"

"没什么意思,现在赶紧对我说一句:'你拿走我的白布是合法的!'"

白布的主人说道:"难道你没有脑子吗?我怎么可能对抢走我东西的人说'你拿走我的白布是合法的'这样的话呢?"

强盗和母亲

年轻的强盗举起手中的棍子,大声说道:"看样子你是听不进去我说的话了?现在赶紧大声说'你合法地拿走了我的白布!'如果不说我就打死你！"

"我不说，就是不说！"

年轻的强盗见那个商人不听话，气得举起拳头打那个商人，后来干脆拿起木棍抽打商人。那个可怜的商人见强盗没有住手的意思，又害怕被打死，所以大声喊叫道："别打了，我说就是了，'你拿走我的布是合法的。'"

听到这句话后，年轻的强盗拿起那块白布，骑上马后说道："我终于放心了，以后好好做一个合法的商人。"

强盗骑着马飞快地回到家，并把那块白布放在母亲面前。母亲看到他的表情，就知道他做了什么，于是对他说道："孩子啊，我很高兴你为我做的事，现在告诉我这块布是否合法得来的。只有你亲口告诉我了，我才能放心。"

"这块布是合法的，我把这块布的主人狠狠地打了一顿，他说'合法、合法'的声音冲破了天！"

* * *

"'合法'的声音冲破了天"渐渐成为谚语,形容某人依靠武力夺取别人的东西,还要强迫对方承认自己是心甘情愿的。

说谎的篮子

很久以前,有一个非常残暴的国王。有一天为了取乐,他向人们宣布了这样一道命令:"每个人都说一个谎言,如果谁的谎言让我无法相信,我就把女儿嫁给他。"

这个消息很快传遍了大街小巷,所有的人,无论是年老的还是年少的,都一起向皇宫涌去。他们见到国王,都用尽浑身解数向国王讲述自己的谎言,但是国王都相信了他们的谎言,并对他们说道:"我相信你们说的谎言,因为这些谎言有可能会发生在我们身边。"

在这些说谎的人中,有一个聪明的年轻人,为了让国王履行他许下的诺言,他决定做一个非常大的篮子,比城门还大。

几周后篮子做好了,年轻人走向皇宫,被带到了国王面前,国王问他:"你准备好你要说的谎言了吗?"

"我说的谎言很大,大得进不了城门,甚至您都无法相信它!"

国王大笑着说道:"你想说什么呢?没有人能骗得了我。"

年轻人说道:"我的谎言值得您一听,也值得您一看,但是您必须要跟我去城门口才可以。"

国王说道:"明天早上我要去城外打猎,到时我就知道你说的谎言了。"

第二天早上,国王在随从们的簇拥下走出城门,看见一只巨大的篮子放在城门口,国王问道:"这就是那个巨大的谎言吗?"

年轻人走到国王面前后说道:"是的,尊敬的国王,但是这只篮子的故事与您的父亲——前国王有关。"

"怎么回事?我死去的父亲怎么会跟这只篮子有关系?"

"因为您的父亲欠我父亲的钱。"

"怎么可能?你的父亲是谁?"

年轻人看了一眼地,又看了一眼天,然后长叹了一口气说道:"尊敬的国王,我的父亲当时是个有钱人,他的钱多得无法计算,而您的父亲当时是位国王。某一年,国家财政陷入了危机,您父亲找我父亲借钱,我父亲指着这只篮子对您父亲说:如果我给你和这只篮子一样大的七篮金币,能解决你的问题吗?您父亲说:可以。所以,您的父亲欠我父亲的钱。现在,我来向您要回您父亲所欠我父亲的钱,也就是说您要还给我七篮子金币。"

国王听到这些话大声喊叫道:"这是个谎言,我的父亲从来没有借过任何人的钱。"

国王对随从们说道:"他说的什么话?这个人从哪儿来的?他的谎言大到连城门都进不去,住在这个城里的任何人,都不会相信他说的话!"

聪明的年轻人微笑着说道:"这么说您不相信我说的谎言喽?那么请您履行您的诺言,把您的女儿嫁给我吧!"

* * *

"你的谎言大到连城门都进不去"渐渐成为谚语,比喻弥天大谎。

三个条件

很久以前,有一个人非常吝啬,他的吝啬行为给城里的人们带来了很多不便,甚至让别人感到痛苦。于是几个人去找法官控告,希望法官能为他们主持公道。

法官听了人们的控诉,非常气愤,下令将吝啬鬼带来审问。法官问道:"你为什么不能改掉你身上的那些坏毛病呢?人们想要过安宁的生活,对于金钱你该花的花,该存的存,如果你光存钱不花钱,你就无法体会到生活中的乐趣。"

吝啬鬼说道:"我是有小气的毛病,但是如果我没有这种性格,我的损失就会很大,我也就不会得到任何我想要的东西了。"

法官说道:"你错了,吝啬并不总是好事。"

"不,吝啬没有错。"

法官生气地说道:"我给你几天时间,去改掉你的那些坏毛病;如果你不改,我将惩罚你。"

几天时间很快就过去了,吝啬鬼还是没有什么改变,法官再次把他叫到面前,问道:"你什么情况?"

"我很好,和往常一样,把钱存起来放在身边。即便我拥有整座城市的钱,我觉得还是不够。"

法官笑着说道:"现在让你看看吝啬的后果。我给你三个条件,如果你全部答应,我就放你走。第一个条件是,你要吃一曼洋葱,如果吃不了,我就要打你两百大板,如果你觉得两百大板你承受不了,你可以交一百土曼①的钱来抵消那两百大板的惩罚。"

吝啬鬼摇着头说道:"尊敬的市长,就这些吗?这不算什么,我接受第一个条件。"

法官下令拿来一曼洋葱,令人剥开洋葱的皮,洗干净,放在了吝啬鬼的面前。

吝啬鬼开始吃洋葱,第一个洋葱他很容易地吃掉了,吃第二个洋葱的时候,他的眼泪开始流了下来,当他吃到第五个洋葱的时候,他突然开始上蹿下跳。

在场的人们放声大笑。市长问吝啬鬼:"你怎么了?我们约定的不是吃一曼洋葱吗?"

吝啬鬼回答道:"我快被辣死了,尊敬的法官,我错了,我以为吃一曼洋葱是一件很容易的事。"

法官问道:"现在怎么办?"

"用木板打我两百下吧,只是我再也不想看到洋葱了!"

法官下令把吝啬鬼带到市中心的广场,命令随从用木板打他的后背。第一板打下去的时候,吝啬鬼忍住了,可是当第二板打下去的时候,他跳起来像一个孩子似的大哭起来,法官问道:"你怎么哭了?"

吝啬鬼回答道:"尊敬的法官,挨打比吃洋葱更难受。"

法官想了想说道:"还有一个解决的办法。"

"什么办法?"

---

① 土曼,伊朗货币单位。

"给我一百土曼的钱你就自由了。"

吝啬鬼哭丧着脸说道:"这个办法比那两个办法更难,但我能得到自由。我愿意给你一百土曼。"

法官平静地说道:"现在看到吝啬带来的结果了吧?看到吝啬带来的伤害了吧?因为你已经习惯了吝啬,所以你一开始就没有想到把

一百土曼交给我,你要是早点给我,你就不用遭受前面的痛苦了。"

吝啬鬼没有回答法官的问题,而是自言自语道:"太丢人了,以后人们会说什么?他们一定会笑话我:这个男人既吃了洋葱,又挨了打,还交了钱!"

* * *

如果一个人心眼小,目光短浅,为了获得利益给自己和别人制造麻烦,到最后却什么也没得到,他的结局就会像这个吝啬鬼:"既吃了洋葱,又挨了打,还交了钱!"

逃跑的狮子

很久以前,在一片森林附近有一个小村子,村里的人多是勤劳朴实的农民。然而,在这些农民中有一个整天无所事事、得过且过的男人。他什么活都不干,还喜欢听别人抬举奉承他,如果达不到目的,他就撒谎骗人,说一些千奇百怪的话。他的这种坏习惯持续了很长时间,直到发生了一件让他丢人现眼的事情。

一天,他突然不见了,村里的人们到处找他,但都没有结果。人们担心他被森林里的动物吃掉了,或者发生了什么不幸的事情。有一天傍晚,他一脸疲惫地从森林回来了,他的脸色因为恐惧和虚弱变得非常苍白。

原来他在森林里迷路了,但他羞于承认,却对村子里的人们说道:"你们知道今天发生了什么事吗?"

有人问道:"难道你没有在森林里迷路吗?"

"谁说的?我会在森林里迷路?我对森林了如指掌,怎么可能会迷路呢?"

另一个人问道:"那你的脸色怎么会那么苍白呢?"

"我的脸色苍白?你要是我的话,早死了。"

聚集在广场上的村民感到很奇怪,有一个老妇人问道:"孩子,你从树上掉下来了吗?"

"从树上掉下来?难道我是三岁小孩儿?好吧,如果你们有胆量听我讲述我今天经历的事情,我就说给你们听:我今天杀死了一头狮子!"

村民被他的话吓得倒退了几步。一个老人说道:"你杀死的是什么样的狮子?说不准是一头病狮或是一头幼狮。"

那个喜欢吹牛的人翻了一个白眼,说道:"你这个老家伙说什么呢?如果你见了那头狮子,肯定会被吓死,但是我把它杀死了!"

"你是用手掐死了狮子还是用剑杀死了狮子?"

"说实话,一开始我想掐死它,但是狮子毕竟是狮子,它的力气太大了,所以我用剑把它杀死了!"

那个老妇人又问道:"你怎么变得这么勇敢了?给我们说说你为什么要这么做。"

"那头狮子不是一头普通的狮子,我很同情它,但是我必须杀死它,如果我放走了它,它以后会吃掉我们村子里的村民。因此,在你们还没有看见那头巨大的狮子前,我就杀了它,免得你们看见后被吓死。我在那头狮子的身上刺了十七剑才把它杀死!"

所有人都惊叹道:"哇,你太厉害了!"

那个喜欢吹牛的人吸了一口气,继续说道:"那头可怜的狮子几乎被我砍成了两半。"

一个年轻人听了他的话说道:"既然狮子被你杀死了,那你带我们去看看那头死了的狮子吧!"

他说道:"说什么呢,你这个笨蛋,受了重伤的狮子还能站在原地等你去看它吗?"

村子里的人们听到他的话都哈哈大笑起来。后来无论谁要找他,村民都会对那个找他的人讲一遍他杀死狮子的故事。

* * *

"受重伤的狮子不会站在原地"渐渐成为谚语,比喻不切实际的自我吹嘘。

法官和男人

很久以前，有一个男人欠了别人的钱，有一天债主来找他要钱，对他说道："赶紧还钱，否则你知道会有什么后果！"

欠债的男人说道："我没钱，就是有钱我也不给你。"

说完他撒腿就跑，债主只好带着几个人追赶。

欠债人跑了一段时间后，翻上墙，爬到了一个屋顶上，院子里躺着一个生命垂危的老头儿，周围坐着他的儿子和亲戚们。欠债人不小心从屋顶上掉了下来，砸在躺在床上的老头儿身上，可怜的老头儿当场就被砸死了，而欠债人却毫发无损，爬起来趁乱逃走了。很快，巷子里出现了欠债人拼命奔跑的身影，追债人发现后立即追了上去。

欠债人拼命逃跑，他看见前面有一条通往荒野的小路，于是他飞快地拐进这条小路。他突然听到有声音喊道："喂，小伙子，请你帮我拽住你身边的那匹马！"

欠债人发现离他不远处有一匹狂奔的马，马主人看他跑得快，便请求他帮忙把那匹马拽住。欠债人想帮忙拽住那匹马，但是他不能帮，因为他怕自己被抓住。于是他急中生智，捡起地上的一块石头，向那匹马扔去，想让马停下来。可是，他扔过去的石头恰好击中了马的一只眼睛,马的那只眼睛瞎了,主人看见自己的马被欠债人打瞎了,也开始撒腿狂追,想让欠债人赔偿损失。

欠债人看见自己很快就要被追上了,又拐进另一条路向城里跑去,他想这样也许能找到一条逃生的路。他狂奔在大街上,看见一伙人在使劲地拉一头躺在地上的驴子,但不管怎么努力,驴子还是纹丝不动。欠债人经过时,驴子的主人对他说道:"喂,你要去哪里?赶紧帮我把驴子拉起来。"

欠债人疲惫至极、上气不接下气，他抓住驴子的尾巴，想帮他们把驴子拉起来，结果用力过度，拽断了驴子的尾巴。驴子的主人看见驴尾巴断了，气愤不已，使劲抓住欠债人的胳膊不让他走。欠债人气喘吁吁、精疲力竭，终于被赶来的债主抓住，送到了法官面前。

法官不是一个正直公正的人，欠债人看了他一眼并做了一个暗示，意思是说，如果法官帮他摆脱麻烦，他会给法官一些好处。

法官看他使眼色，就对那几个告状人说道："看看你们对这个可怜的人做了什么，你们把他弄成了什么样子?！"

债主开口说道："尊敬的法官，很久以前这个人借了我的钱，但是到现在他都不还钱。"

法官问道："你给他钱的时候有人看见吗？"

"没人看见，因为我们是朋友。"

"你有借钱的合约吗？"

"没有，当时什么也没写。"

"那么请你回去吧，你无凭无据，无权向他要钱！"

追债人走后，马主人上前说道："尊敬的法官，请您为我主持公道，我和我的亲戚们让这个人帮忙拽住逃跑的马，可是他却用石头把我的马的一只眼睛打瞎了。"

法官说道："这个问题很好解决，先把马从中间劈成两半，再评估健康的那一半和眼瞎的那一半的价格，让他把差价补给你作为补偿。"

马主人听了法官的判决，撤销了对欠债人的控告，离开了法院。这时被欠债人砸死的老人的儿子走上前，对法官说道："尊敬的法官，这个人从我家屋顶上掉下来，砸死了我们的父亲，现在我们要求他给我们一定的赔偿金。"

法官问道："你们的父亲多少岁了？"

"七十岁了。"

"这个男人现在三十岁,你们再等四十年,等他七十岁时,你们再从他那里要赔偿金吧!"

老头儿的儿子们后悔来法院告他,于是说道:"如果我们现在原谅了他会怎么样?"

"那么你们自由了,可以回去过自己的日子了。"

说完这些话,法官对那个断尾巴驴的主人说道:"你也要告他吗?如果有什么话就说吧,我会为你主持公道的!"

驴子的主人看到了前面那几个人告状的结果,知道如果自己也告状会有更大的损失,于是他说道:"尊敬的法官,祝您长寿,我不要这个人的任何赔偿,因为我的驴子一生下来就没有尾巴。"

* * *

如果有人因为担心和不讲道理的人继续纠缠，会使自己受到伤害，这时他可以说:"我的驴子一生下来就没有尾巴。"

昏庸的法官

很久以前,在一个小村庄里,生活着一个钉马掌的人,他的脾气很急躁。有一天,有个人牵着骡子来到他的面前,对他说道:"我想给我的牲口换一下马掌。"

钉马掌的人说道:"你回去吧,今天我没心思干活。"

"那我什么时候来?"

"我不知道。"

那个人生气地说道:"既然你没心思干活,为什么还要开张?你为什么不回家睡大觉呢?"

钉马掌的人听了他的话,跳起来抓住他的衣领和他争吵起来。两人激烈争吵时,不知道什么原因,那个人突然倒在地上死了。村民看到这个情景,把钉马掌的人抓起来送到了法官面前。

法官听了事情的经过后,对钉马掌的人说道:"你竟然犯下杀人罪,难道你不知道杀人是要偿命的吗?"

"尊敬的法官,这个我知道。"

"你既然知道,为什么还要那么做?"

"我错了,我再也不会干这样的事情了。"

法官说道:"是啊,当你受到惩罚并丢掉性命时,你还能做这样的事情吗?"

这时一个村民突然说道:"尊敬的法官,放了这个人吧。"

"为什么要放了他?"

"因为我们村子只有这一个钉马掌的人,如果他死了,谁来给我们的驴子和骡子钉掌呢?"

法官想了想说道:"可是,必须要有一个人来给那个死去的人偿命,如果不能让这个钉马掌的去偿命,那就让村子里杂货店的店主来偿命吧,这样你们的问题就解决了。"

正在这时,另外一个村民说道:"尊敬的法官,我们村子里也只有这么一个杂货店,如果处死了他,我们去哪里买东西?"

法官又想了一会儿,说道:"你说得对,我没想到这一点。现在我们怎么办?让谁来代替那个钉马掌的人偿命呢?"

所有村民一声不吭地站在那里,没有人回答法官提出的问题。

看到这个情景法官开口说道:"让我想想,你们村子的澡堂里有几个锅炉工?"

有一个村民回答道:"两个。"

法官听后高兴地说道:"这份工作一个人就够了。对于留下的那个锅炉工来说,刚开始可能有点儿困难,不过以后他就会习惯的。"

几个村民去到澡堂把看见的第一个锅炉工抓起来,带到法官面前。可怜的锅炉工一脸惊恐地问道:"你们抓我干什么?难道我做了什么犯法的事情吗?"

法官说道:"你没做什么犯法的事情,只是你们村子里钉马掌的人杀了一个人,你必须替他顶罪!"

锅炉工喊叫道:"难道你们都疯了吗,他杀了人为什么让我顶罪?"

"你错了,这件事与疯不疯没有关系,如果这个村子里没有了钉马掌的人,村民的牲畜怎么办?"

锅炉工说道:"如果村子澡堂里只有一个锅炉工,那个锅炉工会累死的。"

法官抬起头说道:"没关系,他累了可以休息一会儿,这样做比没有钉马掌的人和没有杂货店店主好多了。"

可怜的锅炉工就这样被拉去处死了,在被处死之前,他大声吟诵了

这样一句诗:

> 罪行累累的铁匠在巴尔赫犯罪,
> 处死的却是舒什塔尔的无辜铜匠。

* * *

如果法官徇私枉法,断案不公,可以对他说:"罪行累累的铁匠在巴尔赫犯罪,处死的却是舒什塔尔的无辜铜匠。"

白色的长袍

很久以前，在一个城市里生活着两兄弟，他们同甘共苦，同喜同悲。

有一天，两兄弟准备去远方旅行，于是他俩的妻子就搬到一起来住，一起度过丈夫外出的这段日子。

两兄弟出发后没几天，弟弟的妻子就坐不住了，心里想道："在丈夫出去旅行的这段时间，我要给他做一件长袍，让所有人看到我做的长袍都赞叹不已……让他们兄弟俩看看究竟谁的妻子更能干。"

而哥哥的妻子依旧忙着做各种家务活，她首先希望丈夫健康平安，其次希望他满载而归，其他的事就顺其自然。

日子就这样一天天过去了，弟弟的妻子每天晚上在灯光下飞针走线，为丈夫做白色长袍，而哥哥的妻子依旧忙于各种家务。

有一天，传来消息，说有一支商队快回来了，而那两兄弟也在其中。她们高兴不已，准备迎接丈夫回家。哥哥的妻子对妯娌说道："我打算给我的丈夫做一件衣服，可现在时间来不及了，我该怎么办？"

弟弟的妻子说道："你还是做你该做的事吧，这几个月来你只知道吃饭睡觉,现在才想起自己的丈夫了吗?"

"我想给我的丈夫做一件白色长袍。"

"难道两天时间你就能做出一件白色长袍?"

哥哥的妻子说道:"男人应该挣钱养家才对。衣服不会让男人变得更能干。男人的衣服保持干净就可以了,昂贵的衣服不会给他们带来好运。"

弟弟的妻子看了一眼妯娌,说道:"你喜欢做什么样的衣服你自己做吧,我这两天没时间帮你做任何事情。"

哥哥的妻子赶紧买来一块白布,着手做长袍,终于在兄弟俩进家门的前几个小时,做好了白色长袍。

疲惫不堪的兄弟俩终于回家了。当他们踏进家门的那一刻,把路上遭受的所有苦难都抛到了九霄云外。

回家后的第二天,兄弟俩对他们的妻子说道:"我们要出去一趟,去城里买一些吃的东西和穿的衣服。"

这时,他们的妻子把各自做好的白色长袍拿到了他们面前,兄弟俩看见衣服,非常高兴,于是穿上白色长袍,走出了家门。他们走了之后,哥哥的妻子依旧忙着做家务活儿,而弟弟的妻子却显得焦躁不安,因为她想听听人们怎样评价她费尽心思给丈夫做出来的白色长袍。

当兄弟俩走出家门后,弟弟的妻子悄悄跟在两个兄弟的后面。弟弟的妻子一边走一边竖起耳朵,希望听到大街上的人们说:"快看啊,这件白色长袍和那件白色长袍的区别太大了!"

然而大街上没有一句议论的声音,也没有一个人为弟弟的妻子做的白色长袍露出赞扬的表情。弟弟的妻子很失望,此时正好有个路过的女人经过,她忍不住问道:"请问在这附近你看见两个穿着白色长袍的男人了吗?"

路过的女人说道:"看见了,怎么了?"

弟弟的妻子急忙问道:"他们身上穿的白色长袍有什么区别吗?"

路过的女人奇怪地问道:"难道那两件白色长袍应该有区别吗?它们就像所有男人身上的白色长袍一样,没什么特别的地方,白色长袍就是白色长袍!"弟弟的妻子听到她的评价,一句话没说就顺着原路回家了。

* * *

"白色长袍就是白色长袍"渐渐成为谚语,比喻不勤奋努力,却想通过华丽的外表展现出自己与众不同。

打碎的碗

很久以前，有一个地主，他有一个头脑简单但心地善良的年轻仆人，无论地主说什么，仆人都会点头答应，尽管这样，仆人还是担心自己会做错事，惹主人生气。

有一天，地主把仆人叫到面前说道："今天我想吃豆子汤，你赶紧拿着瓷碗去市场买些豆子汤！"

仆人说了一声"遵命！"，就拿着瓷碗走出家门。仆人手中的瓷碗价格昂贵，他用双手把瓷碗贴在胸口，生怕它掉下去摔碎。

仆人拐进一条偏僻的小巷时，旁边废墟里突然传出一阵狗叫的声音，仆人吓得发抖，撒腿就跑。一条狗看到他奔跑，在后面紧追不舍。

那条狗并不想伤害仆人，它只是生性调皮，才追着仆人奔跑。但是可怜的仆人非常害怕，他一边跑一边回头看那条狗是否追上了他。

仆人拼命奔跑，一只脚不小心踩到井边，摔倒在地，怀中的瓷碗也掉在地上摔碎了。

仆人从地上爬起来，看见主人的瓷碗已经摔成了碎片。

看见仆人趴在地上，狗转身离开了，它不知道自己给那个可怜的仆人带来了多大的灾难。仆人看着摔碎了的瓷碗,大声喊叫道:"该死的狗,看看你给我带来的灾难!我该怎么办?我该怎么办?"

他哭哭啼啼地坐在地上,捶胸顿足,由于害怕主人的惩罚,他连站起来走路的力气都没有了。经过他身边的每一个人看见他那个样子,都禁不住问道:"你怎么了?"仆人回答道:"我把主人的碗摔碎了,现在我该怎么办呀?"

地主在家里等了很久也看不见仆人的影子,心里开始着急。于是地主出了家门,向市场的方向走去,希望能尽快找到仆人。地主走到卖豆子汤的商铺门前,仍然没有看到仆人的影子,于是问卖豆子汤的人:"你有没有看到一个个头和年龄与你差不多、到你这儿来买豆子汤的年轻人?他是我的仆人。"

卖豆子汤的男人说道:"我记得所有从我这里买豆子汤的人,但是你说的那个人我没见过,也许他到别的地方去买豆子汤了……"

地主无奈地踏上了回家的路,在路上只要看见认识的人,他都会打听仆人的下落。回到家中,连他的一个邻居也问他:"你的仆人去哪里了?怎么到现在还没回来?"

"他拿着瓷碗到市场买豆子汤去了。"

邻居惊讶地说道:"奇怪了,难道那个年轻人就是你的仆人?"

"哪个年轻人?"

"在一条小巷的角落里,一个坐着哭泣的年轻人,他捶胸顿足地喊叫着'我该怎么办?我该怎么办?'……可怜的年轻人被打碎的碗绑住了手脚。"

* * *

"被打碎的碗绑住了手脚"渐渐成为谚语,比喻某人身陷囹圄,无法自拔。

用人的鞋子

很久以前，一些富人带着各自的用人参加一个宴会，宴会上富人们侃侃而谈，而用人们则坐在各自主人的身旁，安静地听他们交谈。这时，一个富人开始说起他的用人的种种好处，另一个富人听后说道："生活中最幸福的事情，就是拥有一个脾气好的、勤快的用人。"

有人问道："你的用人有什么优点吗？"

"我的用人是个聪明而且勤快的人，他在我身边这么多年，从来没有偷过懒……"

"怎么可能？我自己还经常偷懒呢，用人怎么可能不偷懒呢？"

于是那个富人用一只手拍了拍自己用人的肩膀，说道："马上去城里市场的杂货铺，给我买一些盐回来。"

那个用人立刻站起来去买盐。那个富人说道："我对我的用人了如指掌，他做每件事都特别认真专注。此时此刻，我知道他在做什么。现在他走出了大门，他会越走越快。现在他到了澡堂那儿，经过澡堂后他加快了脚步。现在到了闹市区，穿过闹市区后就到了市场，市场里很拥挤，他从一个角落穿过去就到了一个僻静的地方。现在快到杂货铺了，他会停下来休息一会儿，以免买盐时气喘吁吁，表达不清楚。现在他已经走到了杂货铺,和老板打完招呼,买了盐开始往回走。大家安静,仔细听着。马上就会听到我的用人敲门的声音。"

所有的人都屏声静气,突然敲门声响了起来,在场的所有人说道:"太好了,你的用人真的一点儿也不偷懒!"

那个用人回来后,坐在了自己主人的身边。这时,主人对大家说道:"我并不需要盐,而且附近有一家杂货铺,我让我的用人去城里的市场买盐,只是想证明一下我说的话是正确的。"

这时,另外一个富人对他自己的用人说道:"好好学一学,你做的能像那个用人一样吗?"

那个用人说道:"要我去买,我会比他去得快回来得也快。"

第二天,又举行了一场宴会,所有的人还是在谈论着自己家中的琐事。这时,一个富人说道:"既然说起了优点,我想说说我家用人的优点……"

有人问道:"你的用人有什么优点吗?"

"如果我让他去办件事,他会像风一样去得快回来得也快……"

"他是怎么做的?"

"现在我就让他去城里的大市场,给鞋匠舍姆斯捎去我的问候,然后再赶回来,让你们看看他是怎么去的,又怎么回来的?"

然后,他对自己的用人说道:"你去给鞋匠舍姆斯说,把我的鞋做成我喜欢的样子就可以了。"

用人出了门,而那个富人开始讲述他用人在路上的故事,故事内容和昨天第一个富人讲的一模一样,讲完后他高兴地说道:"现在看看我的用人在哪里?他应该回到了门口。我的用人,你回来了吗?"

他的用人在大门口高声回答道:"主人,我就在门口!"

"你把我的口信捎到了吗?"

"主人,什么口信?我在门口还没走呢!"

用人的鞋子 143

"你说什么?你在干什么?"

"我在找我的鞋子,主人,我不知道我的鞋子在哪里。这儿的鞋子实在太多了!"

此刻羞红了脸的富人大声呵斥道:"你这个愚蠢的笨蛋,这么久了你还在门口吗?你还在找鞋子吗?"

* * *

如果某人因为懒惰或疏忽导致事情失败，使别人失望，可以用"你还在找鞋子"这句谚语形容他。

乌鸦和孔雀

很久以前,一只乌鸦在广阔的天空中自由飞翔,它看见一只从没见过的美丽的鸟儿,便高兴地问道:"美丽的鸟儿啊,你是谁?你在这里干什么?"

美丽的鸟儿回答道:"我是一只孔雀,我生活在遥远的印度……我来这儿已经好几天了,这个地方太漂亮了。"

乌鸦问道:"你的家在哪里?"

孔雀指着一棵特别高的树说道:"我的家在那棵树上,我的孩子们就待在里面。"

乌鸦也指着一棵松树说道:"我的孩子们在那棵树上,我来这儿是给它们找食物的。"

孔雀说道:"太好了,多么希望我们能生活在同一个地方……我喜欢到处都有我的朋友。"

乌鸦说道:"像我这么丑的鸟儿,怎么能和你这么漂亮的鸟儿一起生活呢?难道你不觉得遗憾吗?"

孔雀拍着翅膀说道:"不要这么想,如果你喜欢,我们可以共用一个屋子,现在就走吧!"

乌鸦没再说话，跟着孔雀向孔雀的家飞去。乌鸦看到孔雀漂亮、宽敞的屋子后，吃了一惊，而当它看到孔雀的孩子们后，简直惊呆了。

孔雀对乌鸦说道："你把这儿就当成你自己的家。现在你回去把你的孩子们接到这儿来，让它们和我的孩子们一起成为朋友。"

乌鸦飞了两三个来回后，才把自己的孩子们带到了孔雀家里。孔雀的孩子们见到乌鸦的孩子们非常高兴。乌鸦说道："现在我们要干什么？"

孔雀说道："我家里的食物不多，你把那些食物分给孩子们吃，我到外面再去找些食物回来。以后我们不能把孩子们独自留在家里，咱俩一个出去找食物，一个留下来照顾孩子们。"

乌鸦说道："好的，你回来后我去找食物。现在说说给哪些孩子喂食物？"

孔雀笑着说道："你喜欢哪些孩子就给哪些孩子喂吧！"

乌鸦说道："这样不行，我不知道该怎么办。"

孔雀微笑着说道："你自己看看，哪些孩子长得漂亮就给哪些孩子喂食物吧！"

乌鸦说道："好的，我知道该怎么做了，这儿放心交给我，你走吧！"

孔雀展翅向外面飞去，乌鸦的孩子们和孔雀的孩子们玩了一会儿，感觉又累又饿，要求乌鸦给他们喂食物。乌鸦大声说道："安静！我不能给你们每一个都喂食物，我要看看你们中哪个漂亮就给哪个喂食物！"

乌鸦看了看孔雀的孩子和自己的孩子，又打量了屋子里的每一个角落，最后在一个角落里看到了几个水果，它走过去用嘴啄碎水果后，放到了自己孩子们的嘴里。孔雀的孩子们不知道发生了什么事，可是它们看见乌鸦孩子们嘴里的食物后，就不再吭声了。没过多久，孔雀妈妈回来了。看到妈妈，孔雀的孩子们开始叽叽喳喳地叫个不停。孔雀妈妈问道："你们怎么了？为什么要吵闹不休？再吵的话，我们的客人就会离开这儿的。"

乌鸦说道："它们吵闹是有原因的，因为它们还没吃饭呢。"

孔雀急切地问道："为什么？难道你没给我的孩子们喂食物吗？"

乌鸦不慌不忙地说道："是的，你说过哪个孩子漂亮就给哪个孩子喂食物，所以我给我自己的孩子们喂食物了，因为我觉得自己的孩子是最漂亮的。"

* * *

如果一个人自私地认为只有自己的才是最好的,可以对他说"乌鸦觉得自己的孩子是最漂亮的"这句谚语。

帽子和骗子

很久以前,有一个经常说谎的人,无论在哪里——家里、市场里、巷子里、村子里……总之,在任何地方他都要撒谎骗人。他的妻子、朋友和亲戚们都劝他不要再撒谎了,但是他说道:"谁说我在撒谎?我是世界上最诚实的人!"

这个骗子有一个非常了解和熟悉他的朋友,这个朋友不想让别人轻视这个骗子,更不想让这个骗子在别人面前丢人现眼,所以他对骗子说道:"我的朋友,答应我今天不要说谎,不要做丢人的事情。"

"我什么时候做了丢人的事情?"

"你已经习惯了说谎,我只希望你平安过日子,在事情没有变严重之前,赶紧改掉说谎的坏毛病。"

但是这个骗子还是那句话,还是那个老样子。

有一天,骗子和朋友们应邀参加一个宴会,他们坐在一起闲聊,这时一个朋友说道:"这几天市场上的藏红花很便宜,如果有人需要藏红花的话,现在正是买藏红花的好时机!"

骗子听后突然说道:"市场上没有藏红花,就连一克藏红花也很难找到。"

卖藏红花的朋友说道:"怎么可能?我是卖藏红花的,这件事我最清楚。"

"是的,我知道你是卖藏红花的,但是这几天市场上的确找不到任何藏红花。"

那个卖藏红花的朋友生气地说道:"看看这是什么世道?我从小就和藏红花打交道,难道不知道藏红花的情况?你一个外行人凭什么说市场上没有藏红花呢?"

骗子大笑着说道:"你一直打交道的是姜黄,而不是藏红花!"

卖藏红花的朋友听到这儿,气得跳起来说道:"你的意思是说我是个骗子吗?"

骗子也跳起来说道:"我没说你是骗子,我只说你对藏红花市场不知情而已。"

卖藏红花的朋友说道:"如果你说我是骗子,我就离开这儿。"

听到吵闹声,主人跑过来安慰了卖藏红花的朋友几句,然后说道:"这儿的人都是诚实的人,这儿没有骗子,也没有说谎的人。"

这时,突然有一个人站起来说道:"我也想说在座的朋友中没有说谎的人,因为说谎者的帽子上有一个洞。"

骗子听到这句话后赶紧摘下自己的帽子看看是否有洞,这时大家哄堂大笑起来,卖藏红花的那个人说道:"帽子替你说出了你心中的话!"

听到这句话,骗子一脸羞愧地将帽子戴到头上,悄悄地坐下来一声不吭了。

*　　*　　*

如果一个人说谎,或者在不经意间做出某种动作,暴露了自己的缺点,可以对他说:"帽子替你说出了你心中的话!"

羊　头

很久以前,有一个地主,家里没有仆人,所有活儿都是他自己干,所以他觉得非常累。有一天,他向他朋友询问解决这个问题的办法,朋友说道:"我有一个仆人,如果你把他带回去并付他一些钱,你的工作就会少很多,压力也会减轻不少。"

地主听后很高兴,就让朋友的仆人去他家给他干活儿。第二天,朋友的仆人如约来到地主家后,先向地主问好,然后双手交叉贴在胸前,恭恭敬敬地站在地主面前。地主打量了那个仆人一会儿,说道:"欢迎你到我家来,你先打扫一遍屋子,我希望到处都是一尘不染的样子。"

仆人说了一声"遵命!"之后,就开始干活儿了。他先把屋子打扫一新,然后给院子里的花浇水施肥,再把地毯上的尘土抖干净,最后他坐在院子里的树荫下,想休息一会儿。这时地主走到他面前问道:"你坐在这儿干什么?"

"主人,有什么事吗?"

"怎么可能没事呢?现在去市场给我的马和驴子买十曼苜蓿回来。"

仆人说了一句"遵命",像一阵风一样跑出家门,买回了十曼苜蓿,整齐地放在了牲畜棚里。做完这件事,他用水洗了一把脸,然后坐在院子里的树荫下想休息一会儿。这时地主又走过来问道:"你坐在这儿干什么?"

仆人问道:"主人,有什么事吗?"

"怎么可能没事呢?现在拿着我的衣服去裁缝店,让裁缝把我右边的袖子缝好;做完这件事再去找鞋匠,如果我的鞋做好了,就把它们带回来;等你回来后,我再告诉你干什么。"

仆人手脚勤快，很快就把地主吩咐的几件事都办完了。他回到地主家，地主正准备给他安排其他事情，仆人说道："主人，你疯了吗？你想要我的命吗？！"

地主说道："谁想要你的命？我付你钱，你就得给我干活儿！"

"什么钱？等你拿钱给我的时候，我已经没命花了。"

地主扯着仆人的耳朵说道："多嘴多舌的仆人，我要问问我的朋友，怎么给我送来你这样的仆人！明天我就去找他，我要告诉他，你是一个多么懒惰的仆人。"

"你尽管去说，你以为我怕你？我是来干活儿的，不是来送命的。"

第二天，地主去找他的朋友，见到朋友就开口责备，说道："你怎么送我这么懒惰的仆人？"

朋友问他道："怎么了？他干了什么错事吗？"

"什么事能比多嘴多舌更严重？"

"他都说了些什么？"

"他竟然说'你为什么让我干这么多活儿'。"

朋友想了想说道："他怎么会说这样的话呢？他在我家干了很多年了，一句怨言都没有。给我说说，你让他干什么活儿了？"

地主把仆人昨天干的活儿一一说了一遍，朋友听后说道："原来如此。告诉我，你买过羊头吗？"

"当然买过。"

"很好。你买过羊头，肯定知道羊头上有羊舌头。"

"我知道羊头上有羊舌头，可是这和你的仆人不干活有什么关系呢？"

朋友摇着头生气地说道："你怎么会是这样的人？第一天你就让仆人干了那么多活儿，还说仆人多嘴多舌，你太过分了。从市场买回来的羊头还有舌头呢，你让他干了那么多活儿还不让他说话，你像话吗？"

* * *

如果一个人欺负别人,却认为自己在理,不容别人解释,你就对他说:"羊头还有舌头呢。"

白　牛

很久以前，在一片草地上生活着三头牛：白牛、黑牛和红牛，它们每天快乐地一起吃草、一起休息。草地附近还生活着一头狮子，狮子希望能抓住这几头牛，美餐几顿。可是，每次当狮子走近草地，想捕捉其中一头牛的时候，三头牛都会肩并肩地站在一起对付狮子，所以狮子总是无法得手。尽管这样，狮子从来没有放弃吃牛肉的愿望，它一直在三头牛的附近徘徊，以便找到合适的机会，实现吃牛肉的愿望。

有一天，白牛慢悠悠地吃草，不知不觉离开了同伴，草地上只剩下两头牛。

狮子慢慢地走近红牛和黑牛，开口问道："邻居们，你们的同伴白牛去哪里了？"

黑牛回答道："没去哪儿，它很快就回来。"

红牛问道："你为什么要问我们的朋友去哪里呢？"

狮子说道："因为你们不知道艰难的日子即将到来！"

"什么艰难的日子？难道发生什么事了吗？"

狮子抖了抖鬃毛，说道："我们在这个地方平静地生活很多年了，但是从今天开始，白牛会把人类带进这片草地，艰难、不幸的日子即将到来。"

红牛问道:"那我们该怎么办?"

狮子说道:"如果把这件事交给我,我能想出一个解决办法,在白牛把人类带到这里之前,我会让它消失的。"

红牛和黑牛接受了狮子的建议,没再说什么。几个小时后,白牛回到了青草地,看到同伴们,它非常开心,可是,可怜的白牛却不知道死亡的脚步正在向它逼近。

正当白牛沉浸在快乐中时,埋伏在草地角落的狮子突然跳出来,咬住了白牛的脖子,而站在不远处的红牛和黑牛,一动不动地看着自己的同伴被狮子活活咬死。

几天过后,变得更加勇敢的狮子又想吃牛肉了,它想出了另外一个办法,来达到自己的目的。

有一天,黑牛边吃草边走到了一个离草地不远的地方,狮子悄悄地走近红牛身边,说道:"邻居,你看到除掉白牛后我们过的好日子了吧?而且你要知道我和你的关系要胜过我和黑牛的关系,因为很久以前,红牛和狮子是一个家族,而黑牛不是我们中的一员。"

红牛问道:"你说这话是什么意思?"

狮子回答道:"因为我想做一件大事,须得到你的许可。牛就是牛,尽管它是黑色的。"

红牛问道:"你要得到我的许可?你究竟想做什么?"

狮子慢吞吞地说道:"等会儿黑牛回来,我希望你允许我杀了它,到那时,这片草地就只属于你和我。我们可以幸福、安宁地生活在这片美丽的草原上。"

红牛沉默不语,这说明它同意了狮子杀死黑牛的想法。

毫不知情的黑牛慢慢地回到红牛身边,它摇头晃脑地向自己的同伴表达友谊,然而,它不知道这是它最后的幸福时光。藏在草丛里的狮子突然跳起来,咬住黑牛的脖子时,红牛安静地站在原地,看着黑牛被狮子活活咬死。

过了几天,狮子又饿了,它又动起了吃红牛的念头。它大摇大摆、放心大胆地向红牛走去。此刻,红牛明白了狮子以前的阴谋诡计,它一动不动地站在原地,看着向它走来的狮子。狮子走到红牛身边后说道:

"我要吃掉你了,你不难过吗?"

红牛悲伤地叹了一口气,然后说道:"为什么我要难过?在白牛被你杀死的那一天,我就已经死了。"

说完这句话,可怜的红牛就被狮子咬死了。

* * *

"白牛被杀死的那一天,红牛就已经死了"渐渐成为谚语,比喻某人因听信敌人的挑拨而不再与同伴团结,最终自己也深受其害。

豺狼和狐狸

很久以前，一只狐狸经过一条大路时，看见一口井。由于天气十分炎热，狐狸感到非常口渴，它就站在井口向井里望去，它看见井底有水。为了能喝到干净的、清澈的井水，狐狸钻进了吊桶，慢慢滑到井底，喝足了清澈的井水。这时它发现自己上不去了，被困在了井底。

就这样，狐狸在井底待了好几个小时，不时地朝着井口喊叫几声："救救我，我被困在这儿了！"就在狐狸孤独无助的时候，一只豺狼路过此地，看见了狐狸的脚印。它顺着脚印来到了水井旁边，朝着井底大声喊道："狐狸，井里的是你吗？"

狐狸说道："是我，求求你救救我吧！"

豺狼笑着说道："我当然要帮你，你想上来吗？"

"是的，我想上来，但是我没办法上来呀！"

"为什么？"

"因为我的腿摔伤了。"

豺狼高兴地说道："你上来后不害怕我吃掉你吗？"

狐狸呻吟着说道："在沙漠中与豺狼为伍，胜过死在井底。"

豺狼听后非常高兴，对井里的狐狸说道："现在告诉我，怎么做才能把你拉上来。"

狐狸摇晃着拴着吊桶的绳子,说道:"用这条绳子!你看到井口的那个吊桶了吗?如果你钻进吊桶,我就能上来了。"

豺狼急着要吃狐狸,想都没想就跳进井口的吊桶里,吊桶变重,慢慢向下滑去,狐狸赶紧跳进了井底的吊桶里,而愚蠢的豺狼还不知道发生了什么事情。

豺狼不知道：绳子两端拴着两个吊桶，当一个吊桶向下滑，另一个吊桶就会升上来，所以狐狸向上升的时候，豺狼也就慢慢地向井底滑去，吊桶滑到一半，狐狸和豺狼相遇了。

狐狸看着豺狼，笑着说道："你来救我吗？我给你的报酬在井底下，你去好好享受吧！"

豺狼一脸茫然地说道："狐狸兄弟，你在说什么？你不要把我一个人留在这儿！"

狐狸说道："你以为我不知道你的目的吗？你嘴里说是帮我，其实是想吃掉我！"

豺狼在狐狸的笑声中慢慢滑向井底。

吊桶升到井口，狐狸跳到地面上。豺狼在井底哀求："狐狸兄弟，你去哪里了？你为什么不帮帮我呢？难道你不知道我喜欢你吗？"

狐狸说道："豺狼怎么会喜欢狐狸呢？你喜欢的是我的肉。"

豺狼再次恳求道："求求你把我拉上去吧。"

狐狸说道："你的意思是让我拉这条绳子吗？"

"是的，就用这条绳子，难道我不是用这条绳子把你拉到上面去的吗？"

狐狸笑着说道："不行，我不能拉你上来。"

"为什么不行？我就是用这条绳子把你拉上去的。"

"因为我不相信你，不能用狼用过的绳子去井底！"

*　　*　　*

如果一个人经常出尔反尔，他在人们中的威信就会丧失殆尽。当他要求别人做一件事时，人们就会用"不能用狼用过的绳子去井底"这句谚语回答他。

偷来的面包

很久以前,有一个爱财如命的瞎眼乞丐,无论人们给他施舍多少钱,他都舍不得给自己买点吃的东西。住在周围的人们经常帮助他,但他总把钱存起来,他认为存钱就是这个世界上最重要的事情。

大多数时间里,乞丐把乞讨来的钱,都放进一个随身携带的钱袋子里。

有一天,一个小偷经过乞丐身边时,看见了乞丐的钱袋子,他便产生了偷乞丐钱袋的念头。乞丐坐在街头行乞,小偷站在离他不远的地方,等待最佳时机的到来。终于,当大街上的行人寥寥无几时,小偷迅速地走到乞丐面前,一把夺走了乞丐的钱袋,又迅速地逃走了。乞丐大声向人们呼救,但是等附近的人们闻声而来,询问清楚发生了什么事时,那个小偷已经逃得无影无踪了。

几天过去了,吝啬的乞丐还在为钱袋被偷的事情难过和哭泣,小偷却欣喜若狂。有一天,小偷对自己说道:"我从来没见过那个可怜的乞丐吃过一顿美味的饭菜,也许他这一辈子都没有吃过。不如我用他的钱请他到我家吃一顿丰盛的美食,让他高兴一次。"

小偷在家准备了丰盛的美味佳肴,他来到乞丐身边,说道:"你在干什么？"

乞丐回答道："我是一个乞丐，我在行乞。"

小偷问道："你想吃什么？"

"我只想吃一块烤面包。"

"今天我请你吃午饭，怎么样？"

乞丐高兴地说道:"太好了,但条件是午饭要好,而且吃饭的地方不能离这儿太远。如果我回来晚了,我的地方就会被其他乞丐占掉。"

小偷说道:"放心吧,午饭一定是美味佳肴,而且距离这儿也不远。"

乞丐收起铺在身下的破毯子,跟着小偷上路了。不一会儿他们来到了小偷家里,小偷把准备好的美味饭菜摆在饭桌上。

乞丐问道:"午饭我们吃什么?"

小偷说道:"鸡肉。"

"太好了,我好多年没吃过鸡肉了,我连鸡肉的味道都忘记了。"

小偷说道:"正因为这样我才为你准备了鸡肉。"

小偷把乞丐领到饭桌旁边,把鸡肉放在他面前,说道:"吃吧,不要客气,你就把这儿当成是你自己的家。"

乞丐伸出手撕了一块鸡肉放进嘴里,那块鸡肉还没有咽进肚子里,他一把抓住小偷的手说道:"是你偷走了我的钱袋?"

小偷吓得退了一步,说道:"你怎么知道是我偷走了你的钱袋?"

"噎在我喉咙的这块鸡肉可以证明,是你偷走了我的钱袋,因为用我自己的钱买来的东西我吃不下去。"

小偷说道:"古人说得很对,'用自己的钱买的面包自己吃不下去'!"

* * *

如果一个人吝啬钱财,不懂得享受生活,把钱财留给别人享受,可以用"用自己的钱买的面包自己吃不下去"这句谚语形容他。

双仁巴旦杏

很久以前,有一个很喜欢吃巴旦杏仁的小男孩,他希望经常能看到巴旦杏树,能吃到那美味无比的巴旦杏仁。有一天,他在巷子里独自一人走路的时候,一个从未见过的男孩问他道:"嗨,你要去哪里?"

他回答道:"我要回家,你有事吗?"

"和我一起玩好吗?"

"玩什么?现在不是玩耍的时候。"

"可以和我一起玩'豺狼飞上天'的游戏吗?"

"我不认识你,我不和陌生人一起玩。"

陌生男孩摇了摇头说道:"你说得对,但我也不算陌生人,我们最近搬到这儿来,你看,我家就在那个香料铺附近。"

小男孩说道:"好吧,哪天我来找你一起玩。"

小男孩说完这句话后,继续向前走去,这时他的耳边响起了那个陌生男孩的声音:"我有一颗巴旦杏,如果你来和我玩,我们俩可以一起吃巴旦杏仁。"

小男孩一听有巴旦杏仁,立刻转过身跑到那个陌生男孩的身边,急切地问道:"你真的有巴旦杏仁吗?从现在开始,你什么时候想玩,我就陪你玩！"

陌生男孩见小男孩那么爱吃巴旦杏仁，便说道："我给你巴旦杏仁吃，但是有一个条件……"

"什么条件？"

"巴旦杏必须是双仁的才可以。我的意思是说，巴旦杏核里有两个杏仁，才可以给你吃。"

"如果不是双仁巴旦杏怎么办?只有一个杏仁该给谁吃?"

陌生男孩说道:"当然是我吃了。"

爱吃巴旦杏仁的男孩听了这句话,很想转身回家,但是想吃巴旦杏仁的念头,又阻止了他要回家的脚步,于是他说道:"好吧,我们开始玩游戏吧!"

这两个男孩开始玩各种游戏,一会儿从巷头跑到巷尾,一会儿从墙的这边跳到墙的那边。几个小时后,爱吃巴旦杏仁的小男孩说要回家,但是陌生男孩央求他再玩一会儿。

他们俩又开始玩了起来,一直玩到累得不能动才停下来。他俩来到树荫下,坐下来休息,陌生的男孩说道:"你去拿一块石头来,我们把巴旦杏砸开!"

爱吃巴旦杏仁的小男孩很快找来了一块石头,陌生男孩用嘴吹了吹石头上的尘土,砸开了巴旦杏,遗憾的是杏核中只有一个杏仁。

爱吃巴旦杏仁的小男孩叹了一口气说道:"你看,这巴旦杏仁多么好吃啊!我说这话不是为了自己,而是为了你付出的努力,但愿你有双仁巴旦杏!"小男孩说完这话,站起来回家了。

* * *

"但愿你有双仁巴旦杏"渐渐成为谚语,指一个人祝愿他人拥有更多的财物,是为了实现自己的愿望。

第三个吝啬鬼

很久以前,有三个朋友一起去旅行,他们三个一个比一个吝啬,一个比一个小气。当他们路过一处沙漠时,他们捡到一个装有金币的袋子,于是把金币倒出来数了一遍,但是无论怎么分,都无法把金币公平地分成三份,三人之间开始起了争执并最终发生了冲突。正当他们闹得不可开交的时候,远处出现了一支马队,他们三人停止争吵,等待着那支马队的到来。当马队来到那三个吝啬鬼面前后,马队中的一个人问道:"你们为什么打架?难道这儿是打架的地方吗?"

第一个吝啬鬼问道:"你们是谁?你凭什么这么问?"

马队的领头说道:"我是这座城市的王子,你们必须告诉我,到底发生了什么事?"

第二个吝啬鬼说道:"我们在路上发现了一个装有金币的袋子,但无法把金币公平地分成三份。"

王子听后说道:"这件事情并不难,你们把分金币的事情交给我吧,我承诺我会让你们三人都满意而归的。"

第三个吝啬鬼说道:"我们的问题不在这里,是我们三个人都不愿意把金币分给其他两个人,所以发生了争吵。"

王子听后沉思了一会儿,说道:"这个问题也能解决。告诉我,你们究竟吝啬到了什么程度。我觉得谁最吝啬这些金币就属于谁。"

第一个吝啬鬼问道:"什么意思?"

"意思是说,谁最吝啬这些金币就归谁。"

听到这里，三个吝啬鬼开始争吵起来，他们都想成为第一个讲自己如何吝啬的故事的人。但王子大声说道："安静！让我来决定谁先开始讲故事。"

然后王子对第一个吝啬鬼说道："你先说说，你是怎么吝啬的？"

第一个吝啬鬼说道："尊敬的王子，我非常吝啬，就连一个第纳尔都不想给子女们，我对他们说，我使用自己的财产都是违法的，更别想让我把东西给别人。"

第二个吝啬鬼说道："他说的那些都不算什么，我看到有人给别人送东西的时候，我都会火冒三丈。"

王子说道："好吧，该轮到第三个人说了。"

第三个吝啬鬼说："在吝啬这件事上，没有人比得过我。比如有人给我赠送东西，我的心肝都会疼得发抖，会因为伤心和难过而死去！"

王子听完他们的话后，吩咐手下把第三个吝啬鬼杀掉，把第二个吝啬鬼赶出这个城市，把第一个吝啬鬼的财产没收，分给随从们，最后说了句："第三个吝啬鬼该死！"

* * *

"第三个吝啬鬼该死"比喻吝啬成性，从不给别人带来利益。

摔跤手和梯子

很久以前,在一个城市里生活着一名摔跤手,他热情开朗,谈吐幽默,人们已经习惯了与他开玩笑。除了摔跤之外,他还经常做一些让人们津津乐道的事情。

有一天,摔跤手和几个人站在一个路口聊天,其中一个人问道:"摔跤手啊,任何艰难的事情你都能去完成吗?"

摔跤手笑着说道:"如果是一个真正的摔跤手,就不会畏惧任何艰难险阻。但是勇气是另外一回事,摔跤手除了拥有强大的臂力之外,他还应该具备勇士的品德。"

另外一个年轻人说道:"真正的英雄是不会说出这种话的。"

摔跤手看了一眼年轻人后说道:"年轻人,你的意思是我不够强大吗?"

正在这时,有一个行人骑着驴子经过,年轻人指着驴子说道:"如果你说力气大,就把那头驴子搬到房顶上!"

在场的人鸦雀无声,谁都不知道摔跤手该怎么办。骑着驴子的人听到这些话,停在那里笑了起来。摔跤手让人们找来一把梯子,搭在墙上。

摔跤手走过去，取下驴子身上的鞍子和褡裢放在地上，慢慢地把驴子牵到梯子旁边。他用双手把驴子举起来扛在自己的肩膀上，慢慢地顺着梯子向房顶爬去。所有的人惊得张大了嘴巴，他们不知道自己是在做梦还是醒着，当他们回过神来，只见那头驴子已经站在了房顶上。顿时，人们欢呼起来，年轻人羞愧地低下头再也不说话了。

驴子的主人说道:"你把我的驴子扛到了房顶,我该怎么办?"

摔跤手说道:"不要担心,这件事交给我来解决吧!"

驴子的主人还是大声地嚷嚷起来,那个年轻人看到这个情景,鼓起勇气对摔跤手说道:"摔跤手,现在怎么办?那头驴子就那样留在房顶让它的主人走吗?你要怎样把驴子弄下来?"

摔跤手用犀利的眼神看了年轻人一眼,没说什么,他沿着梯子爬上房顶,把驴子牵到房顶边,自己站在梯子上。等身体站稳后,他又把驴子扛在肩膀上慢慢地走了下来。经过这番折腾,摔跤手非常累,他的头上和脸上不停地流着汗水。所有人看到这一切都拍手称赞,有人给他拿来了水和饮料。当摔跤手恢复精神之后,他对年轻人说道:"孩子,看见了吗?我能把驴子抬到屋顶,就能把它抬下来!"

* * *

如果有人在长辈面前骄傲自满、蔑视无礼,或者无视他们的经验,而师父或长辈在他面前证明了自己的能力,长辈可以用"能把驴子抬到屋顶,就能把它抬下来"这句谚语劝诫他。

老妇人和梦想

很久以前,安拉把英俊的优素福派去做迦南人的先知,对此优素福的兄弟们非常忌妒,他们用阴谋诡计把优素福骗到荒郊野外后,扔到了一口井里,最后用鸽子血把优素福的衣服染红后,拿回家交给父亲,并对父亲说道:"父亲啊,我们的弟弟优素福被狼叼走吃掉了。"

年轻的优素福被扔到井里后,祈求安拉佑助他摆脱困境。一支埃及商队经过那口水井并停了下来,当他们把井口的吊桶放下去再拉上来的时候,吊桶里坐着如月亮一般英俊的优素福。那些埃及商人见到优素福,不知道他是谁,于是他们把他带到埃及,准备用高价把他卖掉。

商人们把英俊的优素福带到买卖奴隶的市场后,让他坐在最显眼的地方。很快,优素福的英俊传遍城市的各个角落,于是全城的男女老少蜂拥而至,即便没钱买他,也想亲眼看一下优素福的英俊。

商人们向买主们宣布说,谁出的价格最高,谁就能把优素福带走。

第一个买主喊叫道:"我出一百个金币!"

商人们回答道:"不行,太少了。"

第二个买主说道:"我出两百个金币!"

"还是太少了。"

"三百……五百……""一千个金币……"

贪婪的商人们说道:"还不够,优素福的价值远远不止这些金币。"

就这样随着时间的推移,优素福的市场价越来越高,但是还是没有人能够成为优素福的主人。就在人们因为优素福吵吵闹闹的时候,突然,一个老妇人的声音传了出来:"给我让路,我要把优素福买下来。"人们听到这个声音,顿时安静下来,都朝着老妇人望去。那个老妇人来到优素福面前,仔细打量了一番,问道:"这个奴隶多少钱?"

其中一个商人回答道:"你有多少金币?有人出一千个金币都没能把他带走。"

老妇人拿出一束棉线,给商人看了看然后说道:"我只有一束棉线,你把优素福卖给我可以吗?"

老妇人的话把大家逗得哈哈大笑,商人说道:"老太婆,你说什么?很多人出了几百个金币我都没把优素福给他们,现在你却想用一束棉线把优素福买走?"

老妇人冷静地说道:"我自己也知道用一束棉线不能买优素福,但是我想告诉大家:'我这个一无所有的老妇人,也想成为优素福的买家。'"

* * *

"一无所有的老妇人,也想成为优素福的买家"渐渐成为谚语,形容一个人即使一无所有,身处艰难境遇,也满怀希望,不放弃拥有梦想的权利。

屠夫的眼睛

很久以前,一个屠夫在肉铺里忙着剁肉,突然大叫一声"哎哟",一个顾客听到后急忙问:"怎么啦?"

"好像有骨头渣子进了我的眼睛里。"

"赶紧去找医生吧,什么事都没有这件事重要。"

屠夫用一只手捂着眼睛,向医生家跑去。他穿过几条小巷,来到医生家的门前。他敲了几下大门后,医生打开了大门。见屠夫捂着眼睛,医生问道:"你的眼睛怎么了?"

屠夫说:"我在剁肉的时候,一块骨头渣子溅到眼睛里。"

医生说道:"进来吧!让我看看,到现在为止,我还没遇到过像你这样的病人。"

医生一边用水把屠夫的脸洗干净,一边说道:"看看你把自己弄成什么样子了!但是不要担心,我会让你的眼睛好起来的。"

医生把一种药膏涂在屠夫的眼睛上,很快屠夫就感觉自己的眼睛不疼了。

屠夫高兴得跳了起来,准备离开,突然发现身上没带一分钱,羞愧地对医生说道:"我身上一个第纳尔也没有,骨头渣子溅进了我的眼睛,我太害怕了，忘了带钱就匆匆跑到你家来了。"

"你这么做是对的，我希望你的眼睛快点好起来。下次你的眼睛再出现毛病的话，不要空手来找我，你给我拿点肉，我可以用它做点肉汤喝。"

屠夫道谢后说道："做汤的肉太少了，我多拿点肉，让你做一顿烤肉。"

"我就是随便说说,回去忙你的吧!"

屠夫高兴地回到肉铺,继续干活儿,那一天他的眼睛再也没疼过。到了第二天,他的眼睛又开始疼了,他就用丝巾包了一块又嫩又新鲜的肉,向医生家走去。医生检查了屠夫的眼睛之后,说道:"骨头渣子真该死!把你的眼睛伤得不轻,估计会疼一段时间,你必须常来复查,以免留下后患。"

"医生,那我现在怎么办?"

"不要担心,我马上帮你去除眼睛上的疼痛。"医生还是把上次涂抹的那种药膏,涂到屠夫的眼睛上,顿时屠夫就感觉眼睛不疼了。他把带来的肉交给医生后,就回去继续干活儿了。但是,这个事情并没有就此结束,可怜的屠夫天天找医生治疗眼睛,而且每次屠夫都要带一块肉给医生,医生给他涂抹药膏后,他又会赶回肉店忙他的生意。

有一天,医生到城里给一个病人看病。屠夫像往常一样来到医生家敲响大门,医生的小儿子来开门,屠夫问道:"医生去哪里了?"

"你找他有什么事?他几天后才能回来,现在我给病人看病。"

屠夫哭丧着脸说道:"我太倒霉了,如果医生今天不回来,我的眼睛会变瞎的。"

年轻人说道:"你进来让我看看你的眼睛,也许我能治好你的病。"

万般无奈的屠夫走进了医生的家。医生的儿子检查了屠夫的眼睛,说道:"这太简单了,我现在就能治好你的眼睛。奇怪!我的父亲怎么会看不见你眼角的那块小骨头渣子呢!"

医生的儿子小心翼翼地取出屠夫眼角的骨头渣子,给他涂抹了一点儿药膏并说道:"回去吧,以后你再也不用找医生看你的眼睛了。"

屠夫向年轻的医生道谢后,把带来的肉送给了他,然后转身离开了。

几天后,去城里给病人治病的医生回来了,他一走进家门就向他小儿子询问这几天的生意状况，小儿子说道："这几天生意不错，我治好了好几个病人的病。"

医生高兴地摇着头说道："我的儿子，你干得很好，那个屠夫这几天没来吗？"

小儿子说道："我正想问你这个事情呢。"

"怎么了？"

"父亲，我看见那个屠夫好几次来找你看病，但是在我检查他的眼睛时，我发现他眼角下面有一小块骨头渣子。"

医生急切地问道："你把那块骨头渣子怎么处理了？"

"我很快就取出了那块骨头渣子，这样他就不用再遭受病痛的折磨了。这几天我还在纳闷，我的父亲怎么会没看见他眼角的那块骨头渣子呢！"

听到这里，医生突然跳起来，在他小儿子头上打了一巴掌，吼道："你这个笨蛋，我当然看见了他眼角的那块骨头渣子，但是你以后再也看不到屠夫给我们带来的又鲜又嫩的牛肉了。如果第一天我就把屠夫的眼睛治好了，你们怎么可能吃得到那些美味可口的烤肉呢？"

* * *

"把骨头渣子留在眼睛里"渐渐成为谚语，比喻用磨洋工的方式，从别人那里获得不正当的利益。

甜瓜和蜂蜜

很久以前,在离城市很远的一个村子里,有一个好吃懒做的男人,他尤其爱吃甜瓜。只要一有机会,他就去买甜瓜,把甜瓜切成几片后吃得干干净净,甚至有时候还会把瓜皮吃掉。

有一天,他走在路上,有一个小贩赶着驴车迎面走来,他们互相打了个招呼,男人问小贩道:"你的驴车里拉的是什么东西?"

小贩问道:"你说你想要什么东西?"

"我想要甜瓜,甜瓜我永远吃不够……"

小贩微笑着说道:"甜瓜最好吃?这是什么话。你要知道世界上比甜瓜好吃的东西多得是。"

"你可以举个例子吗?"

"比如蜂蜜!如果你吃了蜂蜜,你再也不会看甜瓜一眼。告诉我,到现在为止,你吃过蜂蜜吗?听过'蜂蜜'这个名字吗?"

"我没吃过,但我听过它的名字。"

"听过它的名字?听见和看见怎么能比呢?赶紧从我这里买一罐蜂蜜尝尝,到时你就会忘掉'甜瓜'这个名字的。"

那个小贩把蜂蜜说得那么好,他馋得口水都快流下来了。他赶紧掏钱买了一罐蜂蜜,带回家后尝了一口,就听到门外的叫卖声:"卖甜瓜了,很甜的甜瓜!"

他听到甜瓜的叫卖声,又特别想吃甜瓜,于是他跑出家门,买了一个甜瓜,三两下就吃光了。他吃完甜瓜,肚子里突然像火烧一样疼痛难忍,他抱着肚子一边呻吟一边大声向邻居们求救。

他的喊叫声和呻吟声把邻居们引来了,邻居们看见他这个样子,赶紧把他送到了医生家里。医生检查了他的眼睛、耳朵和嘴巴,问他:"告诉我,你刚才吃了什么东西?"

他呻吟着说道:"吃了一口蜂蜜和一些甜瓜。"

医生生气地看着他说道:"你为什么要把蜂蜜和甜瓜一起吃?"

"东西都是我自己的,难道我不能吃吗?"

"我知道是你自己的东西,但蜂蜜和甜瓜是不能一起吃的!"

他叹了一口气后,道:"蜂蜜和甜瓜不能一起吃吗?我怎么不知道?现在蜂蜜和甜瓜都在我的肚子里,正在折磨我!"

* * *

"蜂蜜和甜瓜是不能一起吃的"渐渐成为谚语,比喻同时喜欢两样互相冲突的东西,却因为无知和不懂节制而深受其害。

黄粱美梦

很久以前,有一个头脑简单的人,日子过得非常艰难,实在无法维持生活的时候,就去找他的朋友,想借点儿钱,度过这段艰难的日子。他在朋友家待了一天,但是朋友没有开口问他日子过得怎么样,他自言自语道:"我怎么开口向他借钱呢?如果我开口借钱,而我朋友像我一样没钱的话,那该怎么办呢?"

朋友见他低头不语,于是问道:"你在想什么?你不喜欢我家吗?你是不是不想待在我家里?"

"不,不是你说的那样,或许以后你会明白我想要什么。"

他的朋友说道:"安拉赐予我们耳朵是为了倾听,赐予我们嘴巴是为了说话。你说吧,看我有什么能帮你的。"

"我想说……我想说的事情我说不出口,也许以后你就会明白我需要什么……"

从他的表情和吞吞吐吐的样子中,他的朋友想到了他需要什么帮助。但是他的朋友没有说出口,因为他自己的经济条件也不好,帮不上任何忙。他只好寒暄几句,就去做其他事情了。

那个头脑简单的人吃完晚饭后,怀着沉重的心情去睡觉了。他满脑子想的是如何开口向朋友借钱,睡着后,他做了一个梦,梦见他的朋友在叫他,接着问他道:"你想说什么就说吧,为什么要害羞呢?"

"我怎么能不害羞呢?向别人借钱是一件很不光彩的事情。"
"你根本没必要害羞。现在快告诉我,你要借多少钱?"
"越多越好!"
"请告诉我你要借多少吧。"

"一千硬币。"

"只要一千硬币吗？你不需要更多的吗？"

"不需要，一千硬币对我来说已经很多了！"

他的朋友说道："你在我家门口等着，我去拿一千硬币给你。"

……

梦境中他站在朋友家门口，等朋友拿钱给他。不一会儿他看见朋友拿着一袋子钱向他走来，他高兴得快要飞起来了。就在这时，一阵强风突然刮来，关闭了朋友家的大门，关门的声音把他从梦中惊醒了。他睁开眼睛后，发现自己睡在朋友家的床上，当他明白刚才的情景只是一场黄粱美梦时，他心里非常难过，他又强迫自己闭上眼睛后说道："快点，你想给多少赶紧给我！"

睡在他旁边的朋友明白他做了一个有关借钱的美梦，于是说道："美梦结束了，你不要再骗自己了，因为我没钱借给你，除非你再做一个像刚才那样的美梦！"

* * *

如果一个人为了得到某种东西而让自己沉浸在不现实的希望和梦想之中，你就对他说："再做一次美梦。"

桃 树

很久以前,有两个好朋友准备一起去旅行,虽然他们长得不太像,但是他们心里想的和做的几乎是一样的,尤其是他们在做事和待人方面的懒惰行为,都特别像。

那两个懒人为即将开始的旅行做了充分准备,他们迫不及待,想早点儿踏上旅行之路。他们俩的行李很少很轻,可是他们俩谁都不想背着行李。懒人甲说道:"亲爱的朋友,我的行李太重了,十峰骆驼都拖不动,你可以帮我把它们向前挪十步吗?"

懒人乙无精打采地看了一眼他的同伴后,说道:"把你的行李挪十步?你想让我在旅行过程中帮你抬行李吗?别指望!"

懒人甲安慰了懒人乙几句后说道:"我亲爱的朋友,不要担心,我以我的人格发誓,等你累了的时候,我会帮你把你的行李向前挪动十一步。"

但是他们的故事并没有结束。懒人甲把自己的行李放在懒人乙的肩膀上,开始数步数,等到懒人乙走够十步之后,懒人甲说道:"十步还没有走完呢,你只走了九步半!"

懒人乙大声喊叫道:"这不公平,我自己也会数数,我已经走了十一步了!"

就这样,他们一直向前走去,他们饿了也懒得吃饭,渴了也懒得喝水。直到他们看见前面不远处的一棵桃树,树上的桃子又大又红,两人看得口水直流。他们俩走到桃树下放下行李,坐下休息。

懒人甲说道:"亲爱的朋友,赶紧去摘一些桃子吧!"

懒人乙说道:"你自己去摘吧,这么难的事情为什么要让我去做?"

为谁去摘桃子,他们俩争执了很长时间,谁也不愿意去摘一些桃子回来,最后懒人甲干脆躺在了树底下。

懒人乙问道:"你为什么躺在树底下?"

"我在想怎么做才能不费力气地吃到树上的桃子!"

"这个主意真不错,我多么希望也能像你一样动脑子想办法。"

懒人甲想了一会儿,说道:"你过来,像我一样躺在树底下就可以了。"

"为什么?"

"我想过了,也许一阵风刮来的时候,桃子就会掉到树下。"

"即使桃子掉下来,问题是我们怎么捡起来吃呢?"

懒人甲伸了个懒腰,说道:"这个很简单,我们只要张开嘴说:'桃子快到嘴里来。'"

懒人乙生气地说道:"你的想法太不靠谱了,我不指望你来帮我解决这个问题,如果桃子掉到我们嘴里,谁来帮我们把它嚼碎呢?"

* * *

如果一个人过于懒惰,始终只有空想而没有行动,可以用"桃子快到嘴里来"这句谚语形容他。

大臣和盗贼

很久以前,有一位伊朗国王,他有一个非常聪明的大臣,有时候国王不知道的事情,只要问大臣就行,而大臣也会给国王指点迷津,帮他解决各种问题,因此大臣得到了很高的地位。但是有一天,大臣说了一些令国王生气的话,国王决定好好教训他一下。

国王不习惯在晚上睡觉,所以他经常在晚上和大臣们一起说话、一起吃饭、一起喝酒,有时候会很晚才到宫殿去处理国家大事。

有一天,聪明的大臣终于忍不住了,他对国王说道:"尊敬的国王啊,您为什么晚上不睡觉呢?"

国王回答道:"为了快乐——难道国王就不应该拥有快乐吗?"

"当然应该,国王就应该快乐地生活,但是您睡觉太晚的话,早上起床也会很晚,最好的办法是早点儿睡觉、早点儿起床。"

国王一脸傲慢地问道:"为什么?"

大臣慢吞吞地说道:"常言道:早起的人才会心想事成。"

听了大臣的话,国王很生气,但是什么都没说,只是在心中暗下决心,要让大臣为他的这句话付出代价。

第二天早上,国王把自己的几个亲信叫到身边,对他们说道:

"明天早晨你们悄悄地把大臣抓起来,再把他的官服脱下,拿回来交给我。"

"尊敬的国王,为什么要这样做?"

"因为我想教训一下那个傲慢的家伙。但记住:不要伤害他,而且不要让他知道你们的身份。"

亲信们说了声"遵命",离开了皇宫。

第二天清晨天刚蒙蒙亮，皇宫里一片寂静，聪明的大臣慢慢挪动着步子，向宫殿走去。他一边走一边想事情，突然国王的几个亲信蒙着脸从墙外跳进来，团团围住了他。大臣吓得不知所措，颤抖着声音问道："你们要干什么？"

一个亲信说道："不许出声！只要你不出声，我们就不会伤害你——我们只想拿走你的官服。"

"你们为什么要拿走我的官服？如果你们来宫殿是想偷东西的话，我可以帮你们，因为我是国王的大臣。"

另外一个亲信说道："我们什么都不要，只想要你的官服。不要再说废话了！"

国王的几个亲信把大臣的官服脱下来，拿着它迅速地消失了。大臣身上只剩下贴身衣物，站在原地瑟瑟发抖。

又怕又累的大臣只好回头向自己家走去，等他穿好另外一套官服急匆匆赶到宫殿时，国王已经等他好久了。

垂头丧气的大臣走进国王的宫殿，国王大笑着问道："聪明的大臣，你怎么了？你不是要我早睡早起吗？你自己为什么来得这么晚呢？"

大臣顿时明白了早上发生的事情是怎么一回事了。他慢慢地说道："清晨我在来宫殿的路上，几个盗贼围住我并抢走了我的官服，我又回家换上新的官服走到这里，浪费了几个小时，所以我来晚了！"

国王拍着手笑着说道："看看，发生了什么？这就是早睡早起的后果！现在你还敢说'早起的人才会心想事成'这句话吗？"

聪明的大臣说道："尊敬的国王，虽然偷盗是一件不光彩的事情，但是如果盗贼没有早起，他们就无法偷东西。他们在我之前起床，才拿到了他们想要的东西，所以我仍然要说'早起的人才会心想事成'。"

* * *

如果一个人爱睡懒觉,而且总找托词,为自己的懒惰辩解,你就对他说:"早起的人才会心想事成。"

赊账者的谎言

很久以前,在一个城市里生活着一个富人,他很有钱但舍不得花钱,每次买东西都要赊账,到了还钱的时候赖着不还,店主很难拿到他赊账的钱。

有一天,他听说杂货店里的酸奶很好喝,于是他跑到杂货店后对店主说道:"我在来的路上看到有几个地方在卖酸奶,那些酸奶真的是上等货,但是我没买。"

杂货店店主问道:"为什么没买?"

"因为我想从你这儿买。"

杂货店店主说道:"你做得对,现在把钱给我,你想要多少酸奶都可以拿走!"

那个富人说道:"你说的是什么话?如果要给钱的话,我就在别的商店买酸奶了。"

"我再也不能赊账给你了,你赊账的次数太多了,现在把欠我的钱还给我,等账算清后,你再赊账买酸奶。"

那个富人摇着头说道:"你会后悔的。"但店主笑着说道:"我很早以前就后悔了,你从我这里拿走那么多东西,到现在为止,你还没有把欠我的钱还给我。"

那个富人看见自己说的话不起什么作用,便离开杂货店回家了。回到家后他大声喊叫仆人,仆人懒洋洋的,半天才过来。富人生气地说道:"你去哪里了?要我叫你几次才能回来。"

他的仆人说道:"主人,我没去其他地方,我听到吵闹声才到门口去的,我看见杂货店门口人很多,如果我没说错的话,今天是那个杂货

店卖酸奶的日子。"

"什么样的酸奶?"

"就是那种奶油很多而且很好喝的酸奶。"

听仆人这么说,富人的口水都快要流下来了,他对仆人说道:"你去对那个店主说,'我的主人让我来拿一桶酸奶'。"

仆人知道自己的主人经常从那个杂货店赊账买东西,于是问道:"主人,你什么时候给那个杂货店店主还钱呢?"

"还钱的事不用你操心,你给他说赊账的钱我以后会还给他。"

富人说完这句话又后悔了,对仆人说道:"你不要在别人面前说我要赊账买酸奶,那样我会丢脸的。你就对店主说:'你没卖给我的主人酸奶,那就卖给我一桶酸奶吧。'"

仆人也爱吃酸奶,他飞快地跑到杂货店,对店主说了他主人嘱咐他的话。

但杂货店店主听了仆人的话后,生气地大声喊叫起来。一个人问道:"你为什么这么生气呢?"

店主说道:"如果你是我,也会气得七窍生烟的。一个欠我钱的人赊账要我的酸奶,我没有给他,现在他却让他的仆人来告诉我说:'你没给我的主人酸奶,那就给我一桶酸奶吧。'"

* * *

"你没给我的主人酸奶,那就给我一桶酸奶吧"渐渐成为谚语,比喻一个人得寸进尺,不讲信誉。

猎鹰和鸡

很久以前,一个猎人买了一只猎鹰,带回了家,那只猎鹰在猎人家待了几天后,和猎人家的鸡成了好朋友。

一天,猎鹰和鸡被主人留在家里,它们聊了起来。猎鹰说道:"我的工作是在沙漠里捕猎,主人让我抓哪个动物我就抓回来送给主人。"

鸡说道:"我的工作是下蛋和养育小鸡。"

猎鹰问道:"你在主人家生活多少年了?"

"很多年了。"

"那你为什么这么不忠诚呢?难道这个家的主人没给你喝水,没给你吃饭,没给你住的地方吗?"

鸡奇怪地问道:"你怎么能说我不忠诚呢?你觉得我哪里对不起主人?"

猎鹰说道:"每次见到主人和其他人的时候,你会拍打着翅膀逃走。逃走后要么站在墙上,要么站在屋顶上。你这么做是不忠不义的行为。我们猎鹰是在山区和沙漠长大的野生动物,但是我们看到的人类都很善良、仁慈,他们教我们怎么捕猎,所以我们听命于他们并给他们捕获猎物。"

"难道我们鸡没有听命于人类吗?"

"是的,你们没有。你们鸡在主人家出生、长大,可是见到他们,你们却逃之夭夭。到现在为止,你见过我们猎鹰安静地落在人类的肩膀或手掌上的样子吗?无论他们走到哪里,我们猎鹰都会跟着他们去。"

鸡听到猎鹰的话后生气地说道:"是的,我见过猎鹰站在人类肩膀和手掌上的样子,但是你从来不知道也从来没见过有关鸡的另外一件事。"

"什么事?"

"你眼中看到的是活着的鸡,但你没见过死了的鸡是什么样子。"

猎鹰拍打着翅膀说道:"你说的是什么话?难道到现在为止我都没见过鸡是怎么死的吗?"

"你见过被杀的猎鹰吗?见过它们被杀后羽毛是怎样被拔掉的吗?见过它们的肉是怎样被做成烤肉的吗?你闻到过被烤熟的猎鹰肉的味道吗?你听到过猎鹰被杀时的惨叫声和求救声吗?"

"没有,你说的这一切我都没见过也没听过。"

鸡苦笑了一下说道:"是啊,你没见过也没听过我说的这些事情,所以你才能安静地站在人类的肩膀上和手掌上。如果你是我,早就逃到山外去了!我算是一只不错的鸡了,我只逃到了墙头和屋顶上。"

* * *

如果一个人不了解别人经历的磨难和痛苦,却凭自己的理解随意对别人评头论足、横加指责,你就用"如果你是我,早就逃到山外去了"这句谚语反驳他。

尾巴和耳朵

很久以前,在一个村子里有一头淘气的驴,一有机会,它就钻进别人家的地里狂吃一顿,还踩坏院子里的庄稼,因此村子里的人们都非常讨厌它。村里人实在无法忍受它的种种行为,于是警告它的主人说道:"如果你再让你的驴乱跑的话,就不要怪我们不客气了!"

每到这个时候,驴子的主人就会许诺村里人,不会再让驴子乱跑了。但是,当驴子又一次跑到一个农民的田里吃麦苗时,主人陷入了麻烦之中。几个村民看见忙着吃麦苗的驴子后,把它围起来并割掉了它的尾巴,然后对驴子说道:"看你以后还敢不敢跑进别人家的田地里偷吃麦苗了!"

主人听说他的驴子被抓后,赶紧跑到麦田里,但是已经晚了,驴子的尾巴已经被割掉了,他只好牵着驴子,拿着驴子的尾巴垂头丧气地回家了。

当没有尾巴的驴子被主人牵进圈的时候,其他的动物放声大笑起来。一头聪明的驴子对没有尾巴的驴子说道:"过去的就让它过去吧!我对你说过多少次,不要做让自己陷入麻烦的事,可你就是不听!从今以后记住教训,不要再做这样的事情了。"

没有尾巴的驴子沮丧地说道:"没有尾巴的我还算是驴子吗?"

"事情已经这样了,你还想干什么?"

"我想拥有一条尾巴,我这个样子出去,所有人都知道我是那头干了坏事的驴子。"

"这个结果是你自己造成的,难道你有办法让你的尾巴重新长出来吗?"

没尾巴的驴子摇了摇耳朵说道:"是的,我有办法,我要去割掉我尾巴的地方把它找回来。"

圈里的动物们听到它的话,再次大笑起来。那头聪明的驴子说道:"算了吧,你还嫌自己给自己带来的麻烦不够多吗?难道你没听人们说'不要让糟糕的过去把现在变得更糟糕'这句话吗?"

淘气的驴子说道:"糟糕的过去也有变好的时候,我们走着瞧!"

第二天,淘气的驴子抱着侥幸的心理,来到了割掉尾巴的地方。它吃了一点儿麦苗,开始找自己的尾巴。这时突然一个声音响了起来:"大家快来啊,那只该死的驴子又来吃麦苗了!"

很快,几个村民跑过来抓住了驴子,其中一个村民说道:"狠狠教训它一顿,这样它就会变聪明一点儿,以后就不敢再来糟蹋我们的粮食了。"

另外一个村民说道:"把它牵回去交给它的主人来处置。"

可是另外一个村民说道:"这样做没什么用处,如果它能吸取教训的话,它就不会再次出现在这里。上次我们割了它的尾巴,这次我们割掉它的耳朵,让它知道偷吃的后果!"

淘气的驴子这才明白自己犯了多大的错,但是已经晚了,后悔也没用了。村民把它的两只耳朵割下来扔掉,然后走了。可怜的驴子没有了尾巴和耳朵,灰溜溜地回到主人家。主人见到驴子这副模样,说道:"看到你给自己带来什么样的灾难了吗?其他的驴子看到你会怎么说?"

淘气的驴子走进圈里,圈里的其他动物们笑瘫在了地上,只有那头聪明的驴子一声不吭,其中一个动物问道:"你为什么不笑?"

聪明的驴子说道:"我为什么要笑?我们驴子应该哭才对,因为这头蠢驴的所作所为,人们会更加讨厌驴子,说驴子们的坏话。"

"什么坏话?"

"还能说什么呢?可怜的驴子想找回自己的尾巴,没想到尾巴没找到,反而丢掉了自己的两只耳朵!"

* * *

如果一个人因疏忽或犯错失去某样东西,为了找回失去的东西又犯错,导致失去了更多东西,你就用"蠢驴找尾巴丢掉了耳朵"这句谚语形容他。

疯子和"疯子"

很久以前,城里的人们都要去公共澡堂洗澡,一旦澡堂里出现恶人,所有的人都会不得安宁。

有一天,城里的澡堂里突然出现了一个疯子,人们不知道这个疯子到底疯到了什么程度,但只要他一踏进澡堂的大门,所有在澡堂里洗澡的人,都会跑得无影无踪。人们多次要求澡堂老板想办法,解决一下这个问题,但是澡堂老板说:"他是个疯子,我能拿他怎么办?"

一天,城里来了一个聪明人,他想去拜访他的一个朋友,所以他想先去澡堂洗个清爽,再去拜访朋友。但是,当他走进澡堂的大门时,他看见人们正一脸惊恐地四散逃跑,他抓住正在逃跑的老板问道:"发生什么事了?地震了还是瘟疫来了?"

澡堂老板回答道:"这儿发生的事比地震和瘟疫还要严重,里面有一个疯子正在到处吓人。"

聪明人问道:"那现在怎么办?"

"我们只能待在外面,等那个疯子走了后再进去。"

聪明人想了想说道:"让一个疯子操纵你们该干什么、不该干什么,这太不应该了。"

澡堂老板无奈地说道："还能有什么办法？"

聪明人说道："我有一个办法，你去给我找一根木棒来。"

澡堂老板跑过去关上澡堂大门，说道："我不知道你是谁，你从哪里来，但是我担心你给自己带来灾难。"

"你放心吧，给我拿来一根木棒就可以了。"

洗澡的人们听他这么说,就围在他身边开始打量他,他们很好奇眼前这个身材矮小的男人,会用什么样的办法来制服那个疯子。一个小时后,人们找来一根木棒交给了聪明人,然后他们心惊胆战地打开了澡堂的大门。

聪明人走进澡堂,脱下衣服,放在了一个角落,突然大声喊叫起来。躺在澡堂台子上睡觉的疯子听到喊声,跳起来跑到他面前。他见到疯子过来,一边大声喊叫,一边拿着木棒使劲挥舞。疯子见状也开始大声喊叫起来,但是聪明人的叫声比疯子的叫声更大。疯子又伸出舌头来吓他,那个聪明人学着疯子的样子,也伸出舌头来吓疯子,而且伸出的舌头比疯子的舌头更长。疯子站在原地跳了一下,他也跟着跳了一下,而且跳得比疯子高。

无计可施的疯子就问他道:"你是谁?"

聪明人大声喊叫着说道:"人们叫我'杀人的疯子',我是来杀你的。"

说完,他拿着木棒在疯子头顶上挥舞起来,疯子见他这个样子害怕极了,转身想找个地方把自己藏起来。疯子转了一圈发现无处藏身,于

是掀起自己的衣服，把自己的头裹起来，从澡堂逃走了。澡堂老板赶紧跑过去问聪明人："你是怎样把疯子赶走的？"

聪明人说道："那个疯子从来没见过比自己更疯的人，所以他逃跑了。"

*　　*　　*

"疯子从来没见过比自己更疯的人"渐渐成为谚语，比喻自以为是、恃强凌弱的人，不知道人外有人、天外有天。

面包河

很久以前,一个饥肠辘辘的阿拉伯人来到巴格达城,他步履蹒跚地走在街道上,看见路边有一个面包店,里面摆满了新鲜可口的面包,他禁不住流出了口水,因为他非常非常饿。面包师傅看见那个阿拉伯人站在店铺门口盯着面板看,便问道:"喂,你要干什么?这没什么好看的。"

阿拉伯人使劲看了一眼面包,说道:"兄弟啊,对我来说它是命而不是面包。"

"看样子你好像很久没吃过面包了?"

"是的,我已经很长时间没吃过面包了,但是我觉得你的面包比那些普通的面包好吃得多。"

面包师傅微笑着说道:"给我半个第纳尔,你就能拿走一块面包去尽情地享受了。"

饥饿的阿拉伯人用手摸着面包说道:"给你多少钱才能让我吃个饱?"

面包师傅看了看阿拉伯人后,自言自语道:"不管这个人多么能吃,几个面包应该能填饱他的肚子了。"

面包师傅说道:"给我半个第纳尔,你想吃多少就吃多少!"

阿拉伯人听后非常高兴,拿出一个第纳尔交给面包师傅,说道:"太好了!"

交钱后,他拿起几个面包走到面包店附近的底格里斯河旁边坐下来,开始吃。他把面包在河水里浸湿,再塞进自己的嘴巴,很快拿来的那几个面包都被吃光了。

阿拉伯人再次走到面包店门前，对面包师傅说道："我还没吃饱！"

面包师傅又给了他两三个面包，说道："这几个面包也是你的，尽管吃吧！"

阿拉伯人说道："再多给几个，这样我就能少跑几趟。"

面包师傅又给了他几个面包，说道："这几个够吃了吗？"

阿拉伯人把面包夹在腋下，说道："对于这一次来说够了。"

然后他又返回去坐在河边开始吃起来，这次他吃得更快了，牙齿也更锋利了，再次拿来的面包很快又被他一扫而光。吃完后他又一次走到面包师傅面前说道："我不知道你的面包是用什么做的，让人感觉永远吃不饱。再给我几个面包！"

面包师傅从头到脚打量着那个阿拉伯人说道："想要多少自己拿，这次你要是还没吃饱，你就吃了我吧！"

阿拉伯人摇着头说道："兄弟，你说什么呢？如果我吃了你，谁给我做面包呢？"

他又拿起面包走到河边大吃起来。这时，从远处看着他的面包师傅自言自语道："这个饿疯了的人是从哪里来的？他什么时候才能吃饱？他已经吃了无数个面包了，看样子他既想补偿以前挨过的饿，又想在以后的几年里不再挨饿受苦了！"

面包师傅正在低头沉思的时候，阿拉伯人又来了，他对面包师傅说道："如果我每次来取面包都要给你说一声，这样你会烦我的，从现在开始，我什么话都不说了，每次吃完直接拿面包，吃饱了我就走，你看可以吗？"

面包师傅再也忍不住了，生气地说道："你想吃多少就拿多少，直到你吃饱为止，可是我只想让你回答我一个问题，那样我就放心了。"

"什么问题？"

"告诉我你什么时候才能吃饱？今天、明天、一年后还是一百年后？"

阿拉伯人指着底格里斯河笑着说道:"你问的问题太好了!为了让你放心,我就告诉你答案:'只要河水在流动,我就能一直吃下去!'"

*　*　*

如果一个人贪得无厌,不知满足,你就对他说:"河水不止,吃喝无休。"

第二个硬币

很久以前,市场门口经常坐着一些帮人们写信、写诉状和立房屋契约的文员,那个时候读书写字的人很少,人们就把写字读信的事情,托付给他们去办。

在市场的一个角落里,有一个文员,他每天忙着给人们写或读各种文书,在这儿工作很多年了,人们都很熟悉他。

有一天,一个陌生人来到那个文员面前说道:"你好,兄弟,我想让你帮我做一件事。"

文员说道:"我的工作是帮人写东西,在这方面你有任何需要的话,我会帮你的。"

那个陌生人说道:"我也是一个文员,我是来征求你的同意的,希望你能同意我在市场的另一边做和你一样的工作。"

文员关切地问道:"你也想做文员的工作吗?你要知道这附近只有我一个文员,而且我能做的工作还是挺少的。"

陌生人听他这么说,开始放声大哭起来,文员急忙问道:"你为什么哭?"

"我怎么能不哭呢?如果你不让我干这个工作,我就会饿死在街头！"

文员非常同情他，于是说道："别哭了，我同意你做文员的工作，但是你要记住，你不能接待我的顾客。"

陌生人感激不尽，亲吻了文员的手，就在他站起来准备离开的时候，一个老头儿走过来对文员说道："你给我儿子写的信没有一个人能读出来，你可以给我读一下吗？"

文员说道:"可以,给我一枚硬币我就给你读。"

老人给了文员一枚硬币,文员就把信读了一遍,而陌生人惊讶地看了老头儿一眼,走到市场的另一边坐了下来。

有一天,文员正在大街上散步,他的一个朋友看见他后,就把他拉到了一边,然后焦急地说道:"我想问你一个问题,赶紧回答我,好让我放心!"

"什么问题,快说吧!"

"你实话告诉我,你写一封信为什么要收两枚硬币?"

文员看了看周围后说道:"你的问题为难我了,但是如果我告诉你答案,你不能说出去,你能做到吗?"

"我以生命发誓,我不会告诉任何一个人!"

"是这样的,我的字体谁也没办法读出来,所以写信的时候我收一个硬币,读信的时候再收一枚硬币。"

站在他们不远处的陌生人听到他们的谈话后,又放声大哭起来。

文员说道:"你怎么又哭了?我的哪句话让你哭成这样?"

他用袖子擦了一下泪水,说道:"听你这么说我永远无法得到第二枚硬币了,因为我自己写的信我自己也读不出来!"

* * *

如果一个人做事敷衍,麻痹大意,连自己都看不下去,你就对他说:"甭想得到第二枚硬币"。

菜汤里的菜

很久以前,有一个卖菜汤的小贩,他每天穿行在大街小巷叫卖菜汤。有一天,他做好一锅菜汤,放在一个手推车上沿街叫卖,他一边走一边喊叫道:"卖菜汤喽,快来买热腾腾的菜汤……"

大街小巷里来来往往的人们都能听到他的叫卖声,看到他叫卖的情景,可是不知什么原因,那天没有人来买他的菜汤。小贩见没人买他的菜汤,自言自语道:"从早到晚我走了很多地方,可是没有一个人买我的菜汤,既然这样,我还不如找个地方坐下来休息一会儿,也许在一个固定的地方,菜汤就能卖出去。"

可怜的小贩向市场方向走去。到达市场后,他坐在路边的一块石头上,为了尽快卖掉菜汤,他又开始吆喝起来。过了一会儿,又自言自语道:"我应该把锅盖揭掉,这样飘散出来的菜汤味才能把顾客吸引过来。"

他揭起锅盖,放在自己身边,菜汤的味道立刻向四处飘散开来。可是过了很久,还是没有一个人来买他的菜汤。可怜的小贩终于感觉累了,眼皮沉重,把头埋进膝盖里。他忘掉了锅里的菜汤,渐渐进入了甜美的梦乡。也不知睡了多长时间,当他醒来的时候,一股臭气钻进了他的鼻子里,还有一些菜汤也溅到了他的脸上。突然一个声音传进了他的耳朵:"快起来,这儿不是睡觉的地方!"

卖菜汤的小贩睡眼惺忪地站起来,看了看四周,他看见身边站着一个男人,手里牵着骡子,他问道:"发生了什么事?我在哪里?"

骡子的主人说道:"你在一个菜汤锅旁边,但是……"

卖菜汤的小贩看了看那个男人和他的骡子后说道:"但是什么?"

骡子的主人说道:"我不知道这头牲畜为什么突然跑过来,在你的菜汤锅里拉粪便了!"

可怜的小贩这时才明白发生了什么事情,他捶胸顿足,叫喊道:"你说什么?你的骡子把粪便排泄在了我的菜汤锅里?"

"怪你自己,你为什么揭掉锅盖睡着了?如果老鼠、虫子或者蛇掉进锅里该怎么办?"

可怜的小贩气得再也没有力气站着了,他瘫坐在地上哭丧着脸说道:"菜汤里掉进了粪便,你让我怎么卖出去?"

* * *

如果某人生活本来就艰苦,又不幸遇上灾难,可以用"菜汤里掉进了粪便"这句谚语比喻对方雪上加霜的艰难境遇。

精灵的婚礼

很久以前,有一个驼背的男人,他走路的时候总是弓着腰、喘着粗气。有一天晚上,他去澡堂洗澡。到了澡堂,他脱下衣服、围上浴巾走进了浴池。突然,他被眼前的情景惊呆了:几个精灵正在水中翩翩起舞,嬉水玩耍。看见这个情景,驼背的男人高兴极了,他也跳入水中,与精灵们一起跳起舞来。有一个精灵走过来对他说道:"你跳的舞让我们更加快乐了,所以你想要什么就说吧,我们可以满足你的任何愿望。"

驼背的男人指着自己身后的罗锅说道:"你们可以把我背上的罗锅取走吗?"

"当然可以。"

精灵们实现了他的愿望,取走了他的罗锅。他一下子直起身来,往前走了几步,感到前所未有的快乐和轻松。第二天早上,驼背的男人没有了罗锅的消息传遍大街小巷,也传到另一个驼背男人的耳朵里。于是第二个驼背的男人来到他面前问道:"请你告诉我,折磨了你这么久的罗锅是怎么消失不见的?"

第一个驼背的男人说道:"很简单,我参加了精灵的婚礼,为他们跳舞助兴,他们帮我把我背上的罗锅去掉了。"

第二个驼背的男人听了他的话,非常高兴。当天晚上他按照第一个驼背的男人告诉他的时间,准时来到了澡堂。在澡堂里,他果然看见了一群精灵,她们坐在一个角落里捶胸顿足,伤心地哭泣着。

看到这个情景,第二个驼背的男人想都没想就开始唱歌跳舞,他跳得正高兴,突然哭声停止了,精灵们都气愤地看着他,一个精灵走过来问道:"笨蛋,你到底在干什么?"

第二个驼背的男人歪着脖子说道:"我想我这样做可能会让你们高兴,然后你们就会帮我做一件事了!"

"你为什么要让我们高兴起来?"

"为了给你们的婚礼增添乐趣……难道没有婚礼吗?"

"笨蛋,谁会在婚礼上捶胸顿足、伤心哭泣?现在我要让你明白婚礼和葬礼的区别在哪里。"

第二个驼背的男人终于明白发生了什么事情,但是已经晚了,就在他转身准备逃走的时候,他听到了一个声音:"等一等,别跑——我有事找你。"

于是第二个驼背的男人停了下来,随后他看见一个精灵手里拿着一个罗锅向他走来,他突然感觉到自己背上的罗锅更加沉重了,可怜的他只能弓着腰一步一步地从澡堂走回家。第二天,人们看见他背上变大了的罗锅,开始窃窃私语,可怜的驼背的男人喃喃自语道:"我的罗锅上又加了一个罗锅,我怎么这样倒霉呢!"

*　*　*

"我的罗锅上又加了一个罗锅"渐渐成为谚语,比喻祸不单行,雪上加霜。

可怜的医生

很久以前,在一个非常寒冷的冬夜里,一个人敲响了医生家的房门。医生赶紧穿好衣服,戴好帽子,围好围巾,打开了房门。出现在他眼前的是一个裹在羊毛大衣里、冻得瑟瑟发抖的男人。医生急忙问他道:"你是谁?半夜三更来找我,到底发生了什么事?"

那个男人说道:"我是总督的仆人,总督生病了,你现在就跟我去一趟总督府!"

医生说道:"这晚上风雪交加、野狼出没,我怎么去见总督?"

"不管怎样,你都要跟我去一趟总督府!"

"你知道从这儿到总督府需要走几个小时的路程吗?等天亮后我们再走吧。"

"我说过了,总督的情况很不好,我们现在就上路。如果总督病情加重,过世了,看你怎么交代?"

医生看那个仆人着急的样子,无奈地说道:"你稍等一会儿,我马上回来。"

医生回到屋里拿起药箱,又穿了一件厚衣服,急匆匆地走出来。他和仆人合骑一匹马,快马加鞭向总督府的方向狂奔而去。

他们在风雪交加的严寒中走了几个小时,终于来到了总督府。医生下马后快步走进总督府,被另外一个仆人带到了总督的病榻前。医生伸出手在总督额头上摸了一下,总督的额头稍微有点发烫。

医生向坐在床边的总督妻子说道:"总督的病不太严重,拿一块凉毛巾敷在头上,他的烧很快就会退下去的。我给他开一个药方,吃完药,他的病就会好起来的。

总督吃了药，病情很快就有所好转。医生收拾东西准备离开总督府。为了表示尊敬，医生问总督道："尊敬的总督先生，您还有什么吩咐吗？"

实际上医生是想要一些报酬，但是总督看都没看他一眼就说道："麻烦你了。外面天冷，别冻感冒了！"

"无论如何，您有事的话尽管吩咐我，我随时恭候！"

"我说过没什么事了，赶紧走吧。"

医生见总督丝毫不提报酬的事情，只好拿着药箱走出屋门。带他来见总督的仆人一直站在门后，见医生出来，便上前问道："你要去哪里？"

"我准备回家，总督的情况已经有所好转了。"

仆人说道："祝你一路平安，但是我的报酬怎么办？"

医生惊讶地问道："你要什么报酬？"

"难道不是我在严寒中把你带到这儿来的吗？"

"带我来这儿是你的责任，而且总督一个第纳尔都没有给我。"

"那和我没关系，我只想要我自己的报酬！"

医生生气地说道："难道你听不懂我说的话吗？我说了，总督一个第纳尔也没给我，难道你还想从我这里拿到报酬吗？"

"我两耳竖直，听得很清楚。你不是凭空来到这里的，是我把你带到这里来的，我管不了那么多，我只要我的报酬！"

医生无奈地看了一眼总督的屋子，说道："既然这样，我只有去总督那里告你了。"

"去告我吧，你以为我是一个胆小的孩子吗？"

医生气愤地走进总督的屋子，对总督说道："尊敬的总督先生，我没办法了，我本不想麻烦您，但是您那可恶的仆人却想让我……"

"发生了什么事？"

"我从那么远的地方来到这儿给您看病,没有跟您要任何报酬,但是他因为带我来这里,就跟我要报酬。"

总督听后非常冷静地说道:"我知道你在说什么,但是还能怎么办呢?他是差使,你必须要付给他报酬!"

* * *

"得给差吏报酬"渐渐成为谚语,指那些寻找各种借口,从他人手中聚敛钱财的卑鄙小人。

秃头鹦鹉

很久以前,有一个杂货店店主养了一只鹦鹉,他非常喜欢那只鹦鹉,那只鹦鹉也非常喜欢主人。鹦鹉每天用悦耳动听的声音给主人讲故事,而店主每天给鹦鹉吃白糖和蜂蜜。主人非常信任鹦鹉,每次回家办事,都把杂货店托付给鹦鹉看管。

有一天,店主把杂货店托付给鹦鹉,说道:"我有事回家一趟,马上就回来,如果有顾客来的话,你告诉他我不在,我很快就会回来的。"

鹦鹉拍打着翅膀说道:"你放心回去吧,想什么时候回来就什么时候回来,不要着急!"

店主放心地回家了。他刚离开不久,一只猫突然跑进杂货店里想捉一只老鼠。闭目养神的鹦鹉看见猫和老鼠吓了一跳,而这一跳正好碰翻了放在它身边的油桶,油桶里的油全部倒在了地上,一眨眼的工夫杂货店的地面上到处都是油。

店主从家里回来,看见满地的油,生气地喊叫道:"该死的鹦鹉,你干什么坏事了,你要让我倾家荡产吗?"

还没等鹦鹉开口解释,店主拿起一根木棍朝鹦鹉头上打去,可怜的鹦鹉被主人打了好几下,变成了一只头上没有毛的秃头鹦鹉。打完鹦鹉后,主人的怒气渐渐平息下来,问道:"告诉我,到底发生了什么事情?"

鹦鹉没有回答,店主再次大声问道:"赶紧说发生了什么事情,难道你没有舌头了吗?"

可怜的鹦鹉伤心得说不出话来,一脸忧郁地看着店主。看到秃了头的鹦鹉，店主突然明白发生了什么事情，他双手摸着鹦鹉的头，唉声叹气道："都是我不好，为了一桶油，把能说会道的鹦鹉打成了一个哑巴。"

店主自责了好几天，每天不停地用手抚摩着鹦鹉的脸和头，但是可怜的鹦鹉再也不愿意开口说话了。后悔不已的店主特意带鹦鹉去看医生，但是鹦鹉依然不说一句话。

日子就这样一天天过去了，鹦鹉每天吃完白糖和蜂蜜之后，惘然若失地站在一个角落里发呆；店主看着鹦鹉，回忆起以前和鹦鹉度过的美好日子，他多么希望鹦鹉还能像以前一样，和他一起有说有笑地度过每一天。

有一天，杂货店店主和鹦鹉像往常一样，安静、孤独地待在杂货店的时候，一个秃头男人走过杂货店门口。看见秃头的男人，鹦鹉突然大声喊叫道："你也把油桶打翻了吗？你也被你的主人揍了一顿吗？"

那个秃头男人听到这句话，奇怪地看了一眼鹦鹉和店主人，说道："这只鸟在说什么？什么油？什么挨揍？"

店主看到鹦鹉开口说话，高兴得跳了起来，他急忙回答道："没什么，可怜的鹦鹉也有它自己的故事。它以为每一个没有头发的人，都和它一样遭遇了同样的事情。俗话说'愚人之举岂能与君子之为相提并论'。进来，和我们坐一会儿，吃点儿面包和蜂蜜，然后让我来给你讲讲发生在鹦鹉身上的故事吧。"

* * *

"愚人之举岂能与君子之为相提并论"渐渐成为谚语，比喻只看到表面现象却不了解实质。

麦子和水井

很久以前，一个小偷想偷一些麦子，他拿了一个袋子走出家门。他走啊走，最后来到一个他从未去过的村子里。他对自己说道："这是偷麦子的最好地方，因为没人认识我，装一袋麦子拿回家，谁也不知道。"

小偷慢慢地靠近了麦堆，在月光下，他看见麦堆旁边有几口水井，小偷非常奇怪为什么麦堆旁边会有水井，他百思不得其解。最后，他打开袋口，把麦子装进袋子里，装满后他把袋子扛在肩膀上准备回家。没走几步，一个声音传进了他的耳朵里："别动，不知廉耻的小偷！"

小偷吓得赶紧把袋子扔在了地上。这时他才看清楚，一个手拿木棍的男人站在他的面前。惊魂未定的小偷说道："走开，别挡着我的路，你吓我一跳！"

那人说道："你害怕了？你应该羞愧才对，为什么要干偷偷摸摸的事情？你要把我们的麦子拿到哪里去？"

小偷装作一脸无辜的样子说道："你说什么呢？我是小偷吗？这些麦子是我前几天买的，我在回家的时候迷了路。"

"你怎么可能迷路呢？难道你是一个孩子吗？"

"我不是孩子，但我是一个盲人，盲人能不迷路吗？"

听他这么说,那人立即抓住他的手说道:"跟我去见村长,到了那儿就会明白你说的是真话还是假话。"

那人把小偷带到村长家。村长问道:"怎么啦?发生了什么事?"

那人说道:"尊敬的村长,我去灌溉农田,发现这个人在偷我们的小麦,我发现他的时候,他装了一袋子小麦扛在肩上正准备逃走。"

小偷说道:"尊敬的村长,他在说谎,我是一个盲人,我买了一袋小麦准备拿回家，可是在路上迷了路，我不知道到底发生了什么事情！"

村长问道："为什么你的头上和脸上都是尘土呢？"

"我说了我看不见。我在路上摔倒了几次。"

村长想了想说道："如果真像你说的那样，你是一个盲人，你早就死了！"

"尊敬的村长，您为什么这么说？"

"如果你是盲人，您为什么没有掉进麦堆旁边的水井里？"

小偷说道："尊敬的村长，您说的什么，我怎么听不懂？"

村长说道："你是盲人也是聋人吗？我说：'如果你是一个盲人，为什么没有掉进麦堆旁边的水井里呢？'一个盲人从那么多水井旁边走过，还能站在我面前吗？"

* * *

"盲人经过井边，却没掉进去"渐渐成为谚语，比喻某人为了达到不可告人的目的，故意装作无辜者。

国王的衣服

很久以前,在一片古老的土地上,王国之间经常发生战争。有一次,在一场战争中,一个年轻的国王打了败仗后落荒而逃,他快马加鞭逃到了荒漠,才停了下来。他环顾四周,发现身边没有任何随从,只有一望无际的荒漠。夜幕降临,万籁俱寂,国王内心的恐惧油然而生,他感到十分疲惫、寒冷和孤独。唯一的办法就是继续前行,或许能找到有人烟的地方。

他走啊走,走啊走,无论他走到哪里,所见都是一望无际的荒漠。突然,他看见不远处有一顶帐篷,他赶紧策马而行,到了帐篷附近,他大声问道:"帐篷里有人吗?"

一个老人从帐篷里走出来并问道:"怎么了?你是谁?"

"这个帐篷里有几个人?"

"你问这个干什么?"

"我又累又饿,想借宿一宿,等我吃饱睡好,明天就走。"

"下马吧,'客人是安拉的朋友',这个帐篷里只有我一个人。"

国王跳下马,把马拴在帐篷的一个角落,走进了帐篷里。老人看了他一眼,说道:"看样子你是从战场上回来的?"

"你不要问我从哪里来,我现在很饿,快拿点东西来给我吃。"

"有面包和奶酪。"

"即使是石头我也要吃,你有什么就快点儿拿来吧!"

老人很快拿来了面包、奶酪和一些干薄荷,虽然这些食物与国王的身份不配,但对于逃命的他来说,已经是一顿美餐了。国王狼吞虎咽地

吃完面包和奶酪后，对那个老人说道："你这儿太冷了，即使是动物也会被冻死！"

老人微笑着说道："我已经习惯了这种寒冷的日子，这儿是沙漠，寒风和严寒是沙漠中常有的天气。"

"给我拿些衣服吧，你没看见我冻得发抖吗？"

老人没有说话，于是年轻的国王问道："你怎么不说话？"

老人缓慢地说道："我只有身上穿的这一件衣服，在这个帐篷里没有第二件衣服了。"

"你穿的衣服太少了啊，穿着这样的衣服你是怎样活下来的？"

"我已经习惯了这样的天气，但是有一样东西能让你暖和起来。"

"不管是什么东西，只要让我热起来就好，你说的那个东西在哪里？"

"帐篷外面。"

"你把衣服放在帐篷外面了？"

"不是衣服，是我的马鞍，我把它放在帐篷外面了！"

冻得发抖的国王说道："那就快点儿拿给我吧，赶紧把你说的那个东西拿进来。别提名字，只管拿来。"

*　　*　　*

如果一个人身处困境，被迫接受某样东西，他可以用"别提名字，只管拿来"这句谚语表达自己内心的苦楚。

石油和大海

很久以前，有座城里有一个喜欢钱财胜过任何东西的商人。有一天，他听说距离这儿很远的一个城市里石油卖得很便宜，他准备带着仆人去那个城市，多买一些石油回来，然后高价卖出去，多赚几个钱。

商人带着仆人到了那个城市，先买了十几个皮囊，准备把买来的石油装进这些皮囊，再运回家去。于是商人和仆人把这些空皮囊放在驴背上，向卖石油的地方走去。在路上商人问仆人道："你知道我们要去哪里吗？"

"我知道，主人，我们要去买石油。"

"我们不仅仅是去买石油，我们还要用这些石油赚很多钱。"

"什么意思？"

商人看了周围一眼后，在仆人的耳边低声说道："仔细听好了，等会儿你装石油的时候，伸出你的指头堵住量杯上的刻度，这样装进皮囊的石油就会多一点儿。"

"但是主人……"

"另外，等我们把石油运回去准备卖出去时，你要伸出你的指头放在量杯的刻度上，这样卖给顾客的石油就会少一点儿……"

仆人听到这里后,停下来说道:"可是这么做是不对的……我怕我们会遇到麻烦。"

"你是主人还是我是主人?"

"你是主人。"

"你懂得多还是我懂得多?"

"当然是你懂得多!"

"那就别再废话了,我说什么你就做什么!"

仆人不敢再说话了,他们在皮囊里装满石油并把皮囊装到船上后,向自己生活的城市驶去。

在路上,商人高兴得手舞足蹈,他在想象着石油卖掉后赚来的钱财。这时,天空中突然乌云密布,顷刻间刮起了一阵大风。船上的旅客们顿时吓得尖叫起来,刺耳的尖叫声几乎冲破了云霄。船长赶紧把所有的旅客召集到甲板上后说道:"风暴马上就要来了,但是不要害怕。现在我们要尽快把所有能扔掉的东西扔到大海里,这样船上的东西变少了,船变轻了的时候,我们就能很快地离开这个地方。"

听了船长的话,所有的旅客赶紧把自己多余的东西扔进了大海,以便让船身变得更轻一些。船长对商人说道:"你必须把你的石油扔进大海里,否则我们都会被淹死的。"

吝啬的商人说道:"我可以把我的命给你,但我的石油不能扔进大海里。"

船长说道:"如果这条船上只有你一个人,你的命可以保住,你的石油也可以留下,但现在不只是你一个人,船上旅客们的性命危在旦夕。"

商人还是不愿意把石油扔进大海里,于是船长命令船员们把商人皮囊里的石油倒进大海。可怜的商人看着自己的石油被倒进大海,一边哭一边大声喊叫,但是没有任何用处。

这时,仆人来到商人身边,拍着他的肩膀说道:"主人,别哭了,哭是没用的,你应该高兴并感谢安拉,没有失去生命。只是你要记住一点:不伸出指头,石油就不会被倒掉!"

*　　*　　*

"不伸出指头,石油就不会被倒掉"渐渐成为谚语,比喻通过欺骗或背信弃义的方式侵占别人的财产。

最后的摔跤比赛

很久以前,摔跤手是城里人人关注的焦点。人们喜欢他们不仅是因为他们拥有强大的力量,而且还喜欢他们身上具有的各种美德。

在一个城市里,生活着一位非常著名、德高望重的老摔跤手,他培养了很多有名的年轻摔跤手。尽管老摔跤手非常有名,但是他很少向别人谈论自己的过去,他不喜欢凭借自己的名声和力量,来轻视其他摔跤手,所以这个城市里的人们都很喜欢他、尊敬他。

有一天,老摔跤手经过一条街道,听到一个学生在吹嘘自己是多么的强大有力,老摔跤手对他的行为感到非常担忧,于是他把那个年轻的摔跤手叫到身边,说道:"孩子,我得知了很多有关你的传闻,我希望那些传闻不是真实的!"

那个年轻的摔跤手说道:"您知道的所有传闻都是真实的。"

"我听别人说没有人能摔倒你,这是真的吗?"

"是的。"

"我还听说,你能战胜我。"

年轻的摔跤手沉默了一会儿后说道:"我也不想为难您,但是如果您要和我摔跤,我也不介意。"

"你想和我摔跤吗?"

"是的,师父!"

老摔跤手用手拍了拍那个年轻人的肩膀,说道:"那好吧,三天之后,我们在城里的大广场见!"

年轻的摔跤手还想再说几句话,但是他的师父听都不听就转身离开了。

消息很快在人群中传播开来，人们感到十分惊讶，一个年轻的摔跤手竟然敢挑战自己的师父。另一方面，人们也很担心老摔跤手，因为他已经很多年没有参加过比赛了。人们都不赞同这个年轻人的鲁莽做法。

人们都希望那个德高望重的老摔跤手能够打败那个骄傲自满的年轻摔跤手。但是，与此同时人们也有些担心，毕竟老摔跤手年事已高。然而，即便是那样，人们也无法阻止这场的摔跤比赛了。

比赛的日子终于到来了，两个摔跤英雄面对面站在城中心的广场上。广场周围已经人山人海，拥挤不堪，似乎城市里的所有人都聚集到广场上。

两个摔跤手开始摔跤，所有人都屏声静气地观看这次不同寻常的比赛。年轻的摔跤手强壮有力，身手敏捷，老摔跤手沉着自如，技术娴熟。突然，年轻的摔跤手略施小计，抓住了师父的腰带并准备把师傅摔到地面上，顿时，人们的惊呼声冲向了天空，所有人都以为他的师父在这场比赛中会失败。然而，等广场上飞扬的尘土消散殆尽的时候，人们看见老摔跤手像风暴中的一棵巨树一样，屹立在广场上，而年轻的摔跤手像一只被打败的豺狼一样，趴在自己的师父面前。原来，他的师父用一种他从来没学过的方法，把他摔倒在地。见此情景，人们的欢呼声和称赞声一浪接一浪地冲向了天空。年轻的摔跤手睁开眼睛，看见自己的师父像一头雄狮一样站在他的面前。这时，年轻的摔跤手才想起师父在摔倒自己时，用的方法是他从来都没有见过的。他流着泪说道："师父，我错了，这次的摔跤比赛让我明白了很多道理！我不应该骄傲自满，我的失败是应该的，只有这样我才会明白怎么做才是对的。现在我只有一个疑问：您最后摔倒我的一招是我从未见过。我根本没明白自己是怎样被您摔倒在地的。"

老摔跤手抓住年轻摔跤手的胳膊，把他从地上拉了起来，然后慈祥地摸着他的头说道："也许你不相信，我在第一次看见你的时候，就知道你终有一天会掉进骄傲自满、自高自大的陷阱里,所以我没有把最后一个招教给你,就等着这一天的到来。"

* * *

"你的师父没有把'最后一招'教给你"渐渐成为谚语,比喻某人骄傲自大,挑衅强者,最终遭遇失败。

屋顶上的小男孩

很久以前,在一个村子里,有一个非常调皮的小男孩,他家的邻居乃至整个村子里的人们,都被他的吵闹声和恶作剧深深困扰,人们对他的劝说和对他父母的忠告毫无用处。

小男孩有时爬上树捉小鸟,有时爬上围墙追小猫。有一天,小男孩的母亲正在院子里忙着洗衣服,小男孩的声音传进了她的耳朵里:"妈妈,看看我在哪里!"

母亲以为小男孩站在身后捣乱,便说道:"自己去玩吧,我正忙着洗衣服呢!"

小男孩的声音再次传来:"妈妈,我在这里,在屋顶上。"

听到这句话,母亲一惊,扔下手中的衣服,抬头向屋顶看去,只见她的小儿子正站在屋顶边上看着她微笑,一不小心就会从屋顶上掉下来。小男孩的母亲吓得脸色都变了,她一边捶胸顿足一边喊叫道:"你这个调皮鬼!你跑到屋顶上去干什么?"

"我到屋顶上玩一会儿!"

可怜的母亲吓得不知道该怎么办,既不敢向邻居们求救,又不能立刻爬到屋顶上去救自己的孩子,她能想到的只有一个办法:用做游戏的方法让孩子远离屋顶的边缘。她轻声对儿子说道:"我的儿子,你先向后退几步!"

"为什么?我一点儿都不害怕!"

"我知道你不害怕,我是想和你玩儿一个游戏。"

调皮的小男孩笑着向后退了一步,大声说道:"还要我向后退几步吗?"

小男孩的母亲高兴地说道:"是的,好孩子,再向后退几步!"

小男孩一边笑一边向后退了几步,这时,母亲长出了一口气,她想爬到屋顶上去把小男孩抱下来。这时,她又听到孩子喊道:"亲爱的妈妈,还要我向后退吗?"

母亲为了让自己更放心一些,说道:"是的,再往后退几步!"

说完这句话,她加快速度向屋顶爬去,但是,她还没看到自己孩子,就听到屋顶背后邻居家传来了尖叫声。她从屋顶上向邻居家看去,只见她的孩子正躺在邻居家女主人的怀里。原来,邻居听到孩子的喊叫声,看见他站在屋顶上向后退步,就在孩子脚落空即将掉下来的时候,女主人健步上前接住了孩子。

小男孩的母亲结结巴巴地问道:"我的孩子受伤了吗?"

邻居家的女主人说道:"你调皮的孩子比我们还要健康。看看你都干了些什么!"

"我干了什么?"

"你担心孩子从屋顶掉在自家院子里,但是也要注意,不要让孩子掉在我家院子里。不能掉在屋顶这边,也不能掉在屋顶那边。"

* * *

做事过激或不及，都是不可取的，正如谚语所说："不能掉在屋顶这边，也不能掉在屋顶那边。"

钱和鞍子

很久以前，人们喜欢去很远的地方旅行，旅行的时间有时候很长，有时候很短。在旅途中，会遇到各种各样的灾难和困境，所以出去旅行，会学到很多知识和经验。

有一天，一个头脑简单的工匠想去旅行，他的妻子对他说道："你这种人不适合去旅行，那种见过世面的商人们才可以。"

工匠生气地说道："难道他们比我多长了什么东西吗？我和他们一样有一个脑袋、两只耳朵，你让我去吧，等我回来你也好向人们炫耀一番。"

妻子问道："你有钱去旅行吗？"

"我卖掉家里的一些东西后，拿一百土曼去旅行。"

"你把家里的钱带走，如果遇到强盗怎么办？"

那个头脑简单的工匠笑着说道："怎么会有强盗呢？再说了强盗找我干什么？我可以把一百土曼藏在驴子的鞍子下面，谁也不会想到钱会藏在鞍子下面！"

妻子见自己的劝说没有什么用处，就祈祷丈夫能安全地去安全地回来。

两三天后，工匠如愿踏上了旅程。他害怕迷路，便跟着一支商队一边走一边学习各种生存的技能。

工匠跟着商队走了好几天的路，有一天傍晚，当他们走到一个四面环山的地方时，一阵喊叫声传来，工匠和商队里的所有人都被这个声音吓得浑身颤抖。这时，曾经遭遇过偷袭的商队首领大声喊叫道："带着自己的财产赶紧跑，不要落到强盗手里。"

所有旅行者赶着自己的马、驴子和骆驼向四面八方跑去,希望能找到一个藏身的地方,但是那些受过训练的强盗们,从四面八方包抄过来挡住了所有人的去路,那个可怜的工匠也被强盗们围在中间。无情的强盗们见到什么抢什么,顿时哭泣声、求饶声此起彼伏,但是心如铁石的强盗们根本不管这些人的死活。

工匠从来没见过强盗,被眼前的恐怖情形吓得张嘴结舌,站在原地不知所措。这时,一个手拿利剑的强盗来到他面前问道:"你在想什么呢?"

"我在想还有什么东西留在我身边。"

"难道除了你的驴子和驴子背上的东西之外,你还有其他的东西吗?"

工匠因为害怕而不知道该说些什么,只是张口说道:"如果没遇到你们,我还不知道旅行中还会有这么危险的事情。"

那个强盗威胁他道:"如果你想活着离开,就赶紧告诉我你还有什么东西,我是个从来不开玩笑的人。"

工匠不相信地问道:"你的意思是说,你要带走我所有的东西吗?"

"是的,我要全部带走,我们强盗就是要抢走所有东西。"

工匠失望地叹了一口气后,指着驴子身上的鞍子说道:"既然你们是强盗,那么鞍子下面还有一百土曼,你们都拿走吧!"

强盗取出鞍子下面的一百土曼,高兴地离开了,只留下那个头脑简单的、带着一脸失望的工匠站在那里一动不动。

* * *

"鞍子下面还有一百土曼"渐渐成为谚语,比喻愚昧无知的人无意间暴露在敌人面前而受到伤害。

棉花和耳朵

很久以前,居住在阿拉伯半岛的人们,生活在愚昧和无知之中,安拉派遣先知穆罕默德,引导人们摆脱迷雾,走向光明。

有一天,先知穆罕默德走进天房,坐在角落里诵念《古兰经》,用自己动听的声音诵念《古兰经》经文。

当时,阿拉伯人大多为多神教徒,经常到天房崇拜偶像,他们中有许多人听到先知诵念《古兰经》,加入了伊斯兰教,成为穆斯林。

古莱什部落的首领们听到这个消息后非常担心,他们便散播谣言,说穆罕默德是一个巫师,他诵念的经文是咒语。如果不想被那些咒语所迷惑的话,去天房崇拜偶像时,要在耳朵里塞上棉花之类的东西,这样,就听不到穆罕默德诵念《古兰经》的声音了。

有一天,一个叶斯里布[①]的多神教徒要去麦加,崇拜偶像和经商。当他来到麦加城后,听说有一个男人在天房里诵念奇怪的咒语。他到了天房,拿出一些棉花塞进了耳朵里,然后开始巡逻天房。

就在他环绕天房的时候,他看见几个人围着一个男人在说话,这时他明白那人是伊斯兰教的先知穆罕默德。他非常害怕自己听到那个

---

① 叶斯里布,今沙特阿拉伯麦地那市的旧称。

男人的声音后受到诅咒,所以加快脚步离开了那些聚集在一起的人们。就在这时,他自言自语道:"我为什么要怕他?下次经过穆罕默德身边的时候,我要把耳朵里的棉花取出来,听听他在说些什么,如果他念的是咒语,我就把棉花塞进耳朵里;如果不是咒语,我就要扔掉耳朵里的棉花,因为耳朵里塞着棉花实在太难受了。"

他再次经过穆罕默德身边时,他把棉花从耳朵里取了出来,他听到穆罕默德诵念《古兰经》。他被这天籁之音深深吸引,于是归信了伊斯兰教,成为一名虔诚的穆斯林。

* * *

"扔掉耳朵里的棉花"渐渐成为一句谚语,用来奉劝那些不愿听取和接受真理的人。

扫帚和船桨

很久以前,有一个非常挑剔、苛刻的地主,没有一个仆人能够在他家干活儿超过几天的,在他家干过活儿的每一个仆人,都被他挑剔得无法忍受而逃了出来。

尽管这样,还是有一个仆人想去那个地主家干活儿。他从邻居和其他人的口中,打听了一下这个地主,所有人都说去这个地主家干活儿实在是太难了。但是他没有听从他们的劝告,还说道:"我和那些仆人不一样,我要把地主交代给我的事情办得漂漂亮亮,让他挑不出一点儿毛病来。"

就这样,那个年轻的仆人就去那个地主家干活儿了。第一天,地主对他说道:"你知道在我家干活儿和在其他人家干活儿是有区别的吗?"

"主人,我知道。"

"你知道我不能容忍任何错误吗?"

"主人,我知道。"

地主揪着仆人的耳朵说道:"那你给我听仔细了,我给你三天时间,把我家打扫得干干净净,收拾得整整齐齐,如果有一点儿达不到我的要求,你自己知道结果是什么!"

年轻的仆人什么话都没说，只是说了一句"遵命！"后就开始忙着干活儿了。等他把所有的房间都打扫一遍、院子的每个角落都清理一遍、把所有家具上的灰尘擦拭一遍、把所有门窗上的玻璃擦了一遍的时候，整整忙活了三天。当地主来检查的时候，仆人恭敬地说道："主人，我把所有地方都按你要求的仔细清扫了一遍，现在到处都是一尘不染，您检查吧！"

地主傲慢地摇着头说道:"现在还不好说,等我亲自检查一遍后再说吧!"

地主开始一边走一边检查,紧跟在地主身后,想听听地主怎么说。地主走到花园的一个角落时,发现了两三片树叶,他指着树叶问道:"如果你清扫了花园,那么地上的树叶是怎么回事?"

仆人赶紧捡起一片树叶,看了看,说道:"主人,您看,这片叶子的柄很新鲜,说明是刚刚从树枝上掉下来的,不是我的错。"

地主没说话继续向前走,走到院子水池旁边,地主看见洗脚的地方脏了,问道:"你怎么解释这个脏了的地方呢?"

"主人,我发誓,我把这个地方好好地打扫了一遍,您看您的头顶,树上有很多乌鸦,其中一只没教养的乌鸦,在水池边喝水,把它的粪便拉在这儿把这儿弄脏了,这不是我的错。"

地主,没有吭声继续向前走,走进地下室,地主环视了一遍,突然指着一个角落说道:"看看你做了什么?"

仆人焦急地问道:"我做错什么了,主人?"

"看你说话的样子,就像你什么都没做错一样。"

"请你告诉我,我做错了什么,"

地主指着地下室的一个角落说道:"看看扫帚和船桨。"

"扫帚和船桨怎么啦?"

"扫帚和船桨放在一起,扫帚把桨弄坏了。"

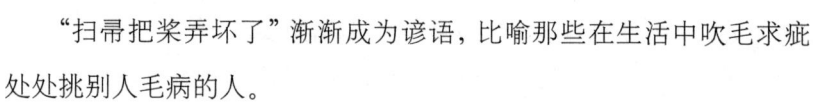

"扫帚把桨弄坏了"渐渐成为谚语,比喻那些在生活中吹毛求疵,处处挑别人毛病的人。

高　处

很久以前,有一个父亲和他的小儿子生活在一起,这个父亲喜欢与达官贵人交往,但小儿子却喜欢和普通人家的小孩子玩耍,在大街小巷中奔跑和嬉闹。

有一天,父亲对小儿子说道:"我的儿子啊,你应该想着做伟大的事情,才能让你站在高处,抬高你的地位和价值,你不要老是待在下层人生活的地方,那样没什么前途。"

听了父亲说的话,那个孩子说道:"父亲啊,您说说我该做什么样的事情呢?有什么事情是您会做而我不会做的?可是父亲,您能像我一样爬到大门和墙上去吗?!"

父亲揪着孩子的耳朵说道:"我说的高处,意思是让人们尊敬你,无论你去哪里,别人都会让你坐在贵宾坐的地方。要想达到这种地步只有一个办法:好好学习,通过学习掌握各种知识。只有这样人们才能尊重你,知道你的价值和你的地位,你才能坐在宴会的上座。"

男孩说道:"我知道。"

"你知道什么?"

"坐在贵宾席上很简单,只要说大话吹嘘自己,人们就会请我坐在上席。你还不知道你儿子的本领呢，不信你哪天带上我，你就知道了。"

"带你去哪里？"

"就是能表现我卓越才华的地方啊！"

父亲想了想说道："你现在就在我面前说一些大话让我听听。我想知道你学到了些什么！"

"说大话的地方，不是在自己家的屋子里，大话必须要在有大人物的地方说，您把我带到有大人物的地方去就可以了。"

父亲说道："我必须要知道你在大人物面前说些什么，不能随便带你去见达官贵人。"

"无论如何我要说的大话只能在有大人物的地方才说得出来，而不是在巷子里或是在家里。"

几天之后，父亲要去参加一个宴会，他把儿子叫到面前说道："我今天要去参加一个宴会，那儿有很多达官贵人，你跟着我去吧，好好学一学并体会一下，在人们面前拥有地位是什么意思。"

男孩跟着父亲去参加宴会了。到达宴会大厅后，父亲让儿子坐在自己身边，然后悄声说道："好好看，他们私下如何交谈、对外讲些什么，你的全部精力集中在大人物们身上。"

尽管那个男孩没听明白他父亲说的是什么意思，但他还是点了点头。随后男孩开始寻找一个高的地方，以便他坐在高的地方说大话。突然，他看见屋子墙壁上有一个凹壁，那个地方是整个屋子里最高的地方，他自言自语道："那个地方比所有地方都高，我要坐到那里去。"

他突然从父亲身边站起来，向凹壁的方向跑去，在奔跑的过程中不小心碰倒了几个碗和碟子，但他全然不顾，依旧向凹壁跑去。

父亲见此情景跳了起来，但是小男孩站在凹壁上说道："别着急，父亲！现在我要说一些大话。大家听我说！你们知道大象是一种很大的动物吗？你们知道这种巨大的动物生活在哪里吗？你们知道向皮囊里吹气皮囊会变大吗?就像人们吃饱的肚子一样鼓鼓的?还有,如果驴子死了,在巷子里放几天,它的肚子也会鼓起来。"

听到这里,男孩的父亲捶胸顿足道:"赶紧下来,你这个捣蛋鬼,你说了些什么乱七八糟的东西啊!"

小男孩说道:"是您让我说的。"

"我什么时候让你说这样的话了?"

这时坐在人群中的一个人大声说道:"你生什么气啊,你的儿子坐在最高处说大话,难道不是吗?"

* * *

"坐在最高处说大话"渐渐成为谚语,比喻某人只看到了事情的表象,却不知其内涵。

戒指上的名言

很久以前,有一个国王,他拥有世界上所有的东西,但有一件东西他没有。这件东西就是一枚谁也没有见过其形状,谁也没有听过其名字的戒指。

有一天,国王召来大臣,说道:"我想要一枚任何人不曾拥有过的戒指。"

大臣说道:"尊敬的国王,我命令手下去买您想要的戒指,即便走到天涯海角,也要找到。"

"我要的戒指任何地方都找不到。"

大臣奇怪地问国王道:"任何地方都找不到?到底是一枚什么样的戒指呢?它是什么颜色?什么样子?有多大?"

国王凝视着宫殿的一个角落说道:"我想要一枚能和我说话的戒指!"

"尊敬的国王,这样的戒指跑遍全世界都找不到。"

"我不是说戒指像你我一样能说话。我的意思是在戒指镶嵌宝石的地方,刻上一句话,让我在得意忘形、骄傲自满和自高自大的时候,看到戒指就能保持谦虚;在我悲伤难过的时候,看到戒指就能阻止我陷入过度的悲伤之中。"

大臣欣喜地说道:"这样的戒指,在我们国家就能找到。"

"怎么找?"

"我把戒指买回来交给珠宝匠,让他在戒指上刻上一句话。"

"刻什么?"

大臣沉默了，他不知道该怎么回答这个问题。国王继续问道："你怎么不说话了？说说戒指上刻什么。"

大臣想了一会儿，说道："这件事我没办法解决。多么希望我也能拥有这样一枚戒指！现在最好的办法是召集全国有名的长老和智者，让他们每人说出最有哲理的一句话，然后挑选出最好的一句刻在戒指上。"

"那就按照你说的办吧，越快越好。"

这个消息很快传遍了大街小巷，远近闻名的长老和智者纷纷向皇宫涌来，但是国王听完他们说的话后，一句都不喜欢。

第一个智者说道："悲伤啊请你离开，快乐啊请你留下！"

第二个智者说道："全世界的快乐属于我，全世界的悲伤给敌人！"

第三个智者说道："把快乐买回来，把悲伤卖出去！"

然而国王听到他们的话后，变得更加悲伤，更加忧愁了。

有一天，有人报告说，一个穷人想给国王说一句刻在戒指上的话，国王说道："让他走吧，不要再烦我了，这个国家这么多的长老和智者都无法做到的事情，一个穷人能做到吗？"

大臣说道："尊敬的国王，请允许这个穷人进来，看看他说什么。也许他说的话可以用得上。"

国王失望地说道："那就让他进来吧！"

很快，一个衣衫褴褛、面黄肌瘦的穷人走进宫殿。国王对他说道："你要说什么？你是干什么的？"

穷人环顾四周，开口说道："我的日子过得不太好，但是一切都会过去。"

大臣问道："如果国王给你丰厚的报酬，你会怎么办？"

穷人慢吞吞地回答道："丰厚的报酬？这也会过去的！"

国王说道："你有什么好听的话要说？说说戒指上刻什么。"

"在这个世界上任何东西都不会永远存在,一切都会过去的。快乐不会永存,悲伤也不会永存。"

大臣说道:"如果国王不给你报酬,反而要惩罚你,你会怎么办?"

穷人漫不经心地回答道:"一切都会过去!"

国王睁大眼睛奇怪地问他道:"你要说的话是什么?你知道你是为了什么来到宫殿里的吗?"

穷人往后退了一步,在准备走出宫殿大门的时候说道:"我说过了,一切都会过去!"

然后,穷人慢慢地远离了人们的视线,消失不见了。

*　　*　　*

如果一个人得意时沾沾自喜，遇到困难则垂头丧气，可以用"一切都会过去"这句谚语劝诫他。

梦想和愿望

很久以前,一个澡堂的锅炉工,过着非常平静的、无忧无虑的生活。他每天站在澡堂的锅炉旁给锅炉烧火,只要来洗澡的人们高兴而来、满意而归,他就非常知足。

锅炉工的日子就这样一天天地过去了,直到有一天他做了一个梦,梦境中他实现了自己最大的愿望:在梦中他是一个赫赫有名的国王,他发号施令,吃的是山珍海味,穿的是绫罗绸缎,而且他想干什么就干什么。

第二天早上,锅炉工去找一个解梦人给他解梦。那个解梦人听了他的叙述后说道:"我要告诉你一个好消息,你做的梦太好了!"

锅炉工欣喜地问道:"赶紧告诉我,我的梦是什么意思。"

解梦人说道:"你很快就要身居高位了。"

锅炉工听到解梦者的一席话后,高兴得跳了起来。等平静下来后,他像往常一样又去锅炉房干活儿了,但是对他来说,现在的生活和以前的生活有了很大的区别。现在站在锅炉房他也不觉得热了,而且也不觉得累了。那个锅炉工每天想着曾经做过的美梦和美好的愿望,度过一天又一天。突然有一天,澡堂的主人将他叫到面前说道:"从今天开始,你就不用干烧锅炉的工作了。"

"为什么?难道我做错什么了吗?"

"你没错,相反,我要给你一个更好的工作,提高你的职位,这是你应该得到的!"

"你让我做什么工作?"

"我们的一个老搓澡工干不动了,他走了之后,你来接替他的工作。"

锅炉工高兴地接受了澡堂主人对他的安排,因为这个工作比以前的工作好多了,以前他要站在锅炉旁汗流浃背地加煤烧火,还要遭受火焰的炙烤,而现在他只需坐在顾客的身后,给他们搓背、抹香皂就可以了,而且那些顾客还会亲切地称他为"师傅"。

就这样,升级为澡堂师傅的锅炉工,愉快地过着每一天。有一天,他看见来澡堂洗澡的一个顾客有些面熟,他想了一会儿,认定那位顾客就是曾经的解梦人,他高兴地走上前去说道:"欢迎您,今天您就是我最尊贵的客人。"

那个解梦人惊讶地看着他说道:"你不是那个锅炉工吗?那个做梦当了国王的锅炉工是你吧?"

"是的,我就是那个锅炉工,但是现在我是一个搓澡师傅了。"

解梦者说道:"这么说你的工作上了一个台阶,你还好吗?"

"感谢安拉,比以前好多了!"

澡堂的师傅说完,开始帮解梦者搓澡,他一边搓澡一边问道:"说实话,你给我解梦的时候,说我会得到一个很高的地位,那个地位指的是什么?"

解梦者想了一会儿说道:"你在做那个梦之前是干什么工作的?"

"澡堂的锅炉工。"

"现在干什么工作?"

"现在我是澡堂里的搓澡师傅。"

"难道你现在的地位不比以前高吗?"

"这怎么能算是很高的地位呢?"

那个解梦者拍着搓澡师傅的肩膀说道:"从锅炉工升为搓澡师傅,已经很不错了。"

* * *

如果一个人在生活中怀有美好的期望,并取得了一定的成就,可以对他说:"从锅炉工升为搓澡师傅,已经很不错了。"

小偷和大鼓

很久以前,一个小偷想去一户人家偷一件他特别想要的东西。小偷围着这户人家转了好几天,但是因为害怕被主人发现,没敢进去。后来他听说这户人家最近几天没人住,所以他决定在这几天里的某个深夜,在墙上挖个洞钻进去。

这天深夜,他带着铁锹和铁镐来到这户人家的围墙外。他心惊胆战地看了看周围,在确定四周没人的时候,开始忙着在墙上挖洞了。

由于围墙是用石头砌成的,因此小偷在墙上挖洞时,感觉非常吃力,而且用铁镐在敲打围墙的时候,弄出了很大的声音。就在小偷忙着干活儿的时候,一个人突然从黑暗中走了过来,那个人一边揉着眼睛,一边嘟囔着问是什么声音吵醒了他。原来他是一个无家可归的流浪汉,他就睡在离小偷不远的一个角落里。

那个流浪汉不知道发生了什么事,小偷看见有人朝他走过来,吓得将铁锹和铁镐藏了起来。当小偷看清楚那个人是一个流浪汉时,就又回到了围墙旁边。

小偷问那个流浪汉:"这么晚了你在这儿干什么?难道你无家可归吗?"

流浪汉说道:"如果我有家,我就不会睡在这个地方了。告诉我:这么晚了你在这儿干什么?"

"我来这儿办一件事情,我不像你那么无所事事。"

"需要我帮忙吗?"

"不需要,你帮不了我。"

"你到底在干什么?"

"我在敲大鼓。"

"为什么要敲大鼓?"

"难道你什么都不知道吗?"

流浪汉漫不经心地问道:"难道这儿发生了什么我不知道的事情吗?"

"明天这儿要举办婚礼,我正在为婚礼做准备。"

"明天你要结婚吗?"

"不是我结婚,笨蛋,我是一名鼓手。我现在正在练习敲大鼓,为明天的婚礼做准备。"

流浪汉看了一眼围墙和小偷后说道:"可是你的鼓怎么没有声音呢?"

小偷回答道:"我的鼓和其他的鼓不同,我的鼓今天敲明天才会出声音。"

*　　*　　*

如果一个人心怀不轨,为达到目的不惜撒谎骗人,你可以对他说:"今天敲鼓明天响。"

猫的尾巴

很久以前,有很多地主和仆人生活在这片土地上,无论地主说什么,仆人都要服从,认真地完成地主吩咐的每一件事。可是,还是有一些懒惰的仆人不听主人话,他们做事也拖拖拉拉的。

在秋天的某个阴天里,一个地主和一个仆人无所事事地待在屋子里,地主想要把布搬到城里的商铺里存起来,再慢慢卖掉。

地主对仆人说道:"我想把布搬到商铺去,但我不知道去还是不去。"

仆人问道:"难道发生什么事了吗,主人?"

"看样子要下雨了,你出去看看天气怎么样了。"

仆人一动不动地说道:"主人,您看见那只猫了吗?"

地主奇怪地问道:"什么意思?难道猫会知道下雨还是不下雨?"

仆人微笑着说道:"非常简单,现在我把猫叫过来摸摸它的背,如果它的背是湿的,显然是下雨了,如果它的背是干的,那就说明天气挺好,您就可以把布搬到商铺里去了。"

地主听后没说一句话,因为他已经习惯了仆人的懒散行为。过了一会儿,地主说道:"不管天气好不好,你去把尺子拿过来,我要量一下这些布的尺寸。"

仆人再一次指着猫说道:"我发誓——我多次测量了猫的尾巴,猫的尾巴正好是半米,一点儿不多一点儿不少,您可以用猫的尾巴来测量布的尺寸,怎么样?"

地主再次保持了沉默,因为他不知道该怎样说。地主在办完事后,对仆人说道:"你去给我拿一块一曼重的石头过来,我要用。"

"您要干什么，主人？"

"跟你有什么关系吗？"

"跟我没关系，但是我担心我会白白跑一趟，而且把您一个人留在这里，我觉得不太好。我发誓我把那只猫称了很多次，它的重量正好是一曼，所以您就用那只猫吧！"

这次主人生气了，他大声说道："这个世道怎么变成这个样子了？无论我说什么，你都懒得动一下，还说那些没用的话来敷衍我。既然这样，你就不要在这儿干了！起来给我倒杯水去，跟你说了半天的废话，我的嗓子都干得冒烟了。"

仆人还是慢吞吞地说道："主人，我做不了这件事。"

"一个碗不足半米，难道你要说，猫的尾巴不足半米吗？"

懒惰的仆人打了个哈欠说道："我已经完成了您吩咐的三件事，这一件事您自己去完成吧！"

* * *

"猫的尾巴不足半米"渐渐成为谚语，形容那些凡事都要找借口的懒人。

懒惰的同伴

很久以前,几个非常懒惰的人拥有了一所房子,他们给这所房子起名为"懒人之家",各个地方的懒人都可以来到这个"懒人之家",和其他懒人们生活在一起。从那以后,这些懒人的生活充满了欢乐和笑声,他们在这个家一起吃饭,一起睡觉,一起娱乐。

随着时间的推移,住在"懒人之家"里的人越来越多,花费也越来越高,而且再也没有多余的地方,给新来的懒人提供住处了。于是,这个消息被上报到了国王那里,希望国王想个办法来解决这个问题。

国王叫来亲信大臣,并让他想办法尽快解决这个问题。

亲信大臣要求国王给他几天时间想一想。几天后,大臣对国王说道:"尊敬的国王,我找到解决这个问题的办法了,那就是找出最懒的人,让最懒的人留在'懒人之家',把其他懒人赶出去。"

"可是我们怎么知道谁是最懒的人呢?"

"很简单,把所有懒人赶进一个温度高的大澡堂,待在澡堂时间最长的懒人,就是最懒的懒人。"

国王接受了大臣的建议,下令手下人按照大臣说的去办。

几天之后,国王的士兵们把澡堂烧得滚烫,把那些懒人们带了进去。还不到一个小时的时间,懒人们的呼救声此起彼伏,几乎划破了天空。澡堂大门打开后,懒人们像一阵风一样冲了出来,然后像无头的苍蝇一样四处逃窜,有些懒人吓得都不敢回头再看一眼澡堂。这时,国王的士兵们问他们:"澡堂里还有懒人吗?"

有人回答说:"是的,澡堂里还有两个懒人。"士兵们走进澡堂,想看看那两个人到底是谁。当他们进入澡堂时,看见有两个懒人静静地躺在澡堂地板上,他们说话声和呻吟声尽管很小,还是传进了士兵们的耳朵里。

第一个懒人说道:"哎哟,烫死我了,烫死我了!"

第二个懒人说道:"你要说'我的同伴快被烫死了'。"

士兵们从他们的对话中知道,第二个懒人是真正最懒的懒人,所以他有权继续住在"懒人之家",并且享受懒人应有的权利。

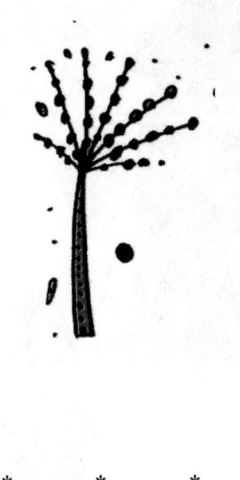

*　　*　　*

"愿同伴被烫死"渐渐成为谚语,形容那些在危难中只顾自己安危,不管朋友死活的人。

布料的颜色

很久以前,有个人非常喜欢一块布料。有一天,他想用那块布料做一件衬衫,但又觉得那块布料的颜色不够适宜。于是他把那块布料拿到染布店,对染布工说道:"我要把这块布料染成其他颜色。"

"什么颜色?"

"淡青色。"

染布工摸着那块布料说道:"你说的淡青色最适合这块布料了,过几天来取吧,我用我的生命发誓,等你见到你的布料时,你都认不出它是你的布料了!"

几天后,布料的主人来染布店取布料的时候,染布工说道:"是你让我把你的布料染成淡青色的,对吗?"

"是的,怎么了?"

"我真笨,做了那么多年染布工,竟然不知道什么样的布料适合什么样的颜色。"

布料的主人问道:"你想说什么?"

"我想说的是,你的那块布料最适合染成天蓝色,你回去再等几天,我用我的生命发誓,等你来取的时候,你都不认识那是你的布料了。"

布料的主人说道："我可以放心回家吗？"

"你放心回家吧，几天之后再来吧！"

过了几天，布料的主人兴高采烈地来到了染布店，染布工看到布料的主人，一脸怒气地说道："这次一定怪你，你为什么要同意我说的话呢？"

布料的主人说道:"怪我什么?你到底在说什么?"

"我说把你的布料染成天蓝色,你为什么没有反对呢?"

"发生什么事情了?难道天蓝色也不适合我的那块布料吗?"

染布工指着一块绿色的布料对他说道:"你看看吧,最适合你那块布料的颜色是绿色,从一开始就应该染成绿色。我用我的生命发誓,如果再给我几天时间,你会认不出你的布料的!"

布料的主人呆呆地站在那里,不知道说什么好。过了好一会儿,才开口说道:"我为什么这么倒霉呢?"

"你放心回去吧,几天后再来。"

布料的主人一脸疲惫、无可奈何地回去了。几天后,他又一次来到染布店,这时他看到那个染布工坐在一口大锅旁边,正在用力搅拌着浸在锅里的布料。

布料的主人问道:"我的布料染好了吗?"

"如果染好了,我肯定用双手递给你了……"

"什么意思?我的布料难道还没染好吗?"

染布工摇着头说道:"很抱歉,你的布料丢了。我用我的生命和用我儿子的生命发誓,你的布料的确丢了。"

布料的主人急切地说道:"求求你,把那块布还给我吧,我知道那块布还在你这里。"

"什么意思?"

"我的意思是你喜欢染成什么颜色就染成什么颜色,但是不要骗我好不好?"

"我骗你什么了?"

"你刚才说的我的布料不见了,我的布料丢了。那么你用你的生命发誓,染成什么颜色都可以,但不要耍诡计!"

* * *

如果一个人数次欺骗别人,失去了对方的信任,你就对他说:"染成什么颜色都可以,但不要耍诡计。"

裁缝的徒弟

很久以前,有一个非常贪财的裁缝,他总是希望自己的钱财变得越来越多,因此,当人们把布料交给他做衣服的时候,他总会避开布料的主人和自己的徒弟,剪一块藏起来。

裁缝的这种行为持续了很长一段时间。有一天晚上,这个黑心的裁缝做了一个梦,他梦见世界末日到了,一个天使用他偷剪的布料做了一面火旗,对他说:"裁缝,裁缝,这些布料是你偷来的,你不害怕安拉惩罚你吗?"裁缝仔细看了看,天使说得对,那些腾空而起的火苗就是他偷来的布料烧起来的。

裁缝被噩梦吓得跳了起来,他从来没想过他做的那些不光彩的事,会有梦中出现的那种结果。第二天裁缝一脸忧伤地走进了裁缝店。徒弟们看到裁缝的样子,问道:"师父,你怎么了?告诉我们,也许我们能帮到你。"

裁缝把所有徒弟聚集在一起,对他们说道:"现在我想告诉你们一件我从来没有给别人说过的事情,你们听完后不许传到外面去。"

徒弟们异口同声地说道:"师父,你说吧。"

"这一段时间,我一直在偷剪顾客的布料。我已经养成习惯了。也就是说，我变成了一个小偷。昨天晚上我做了一个梦，我梦见末日到了，天使们为我准备了一面火旗，而那面火旗是用我偷的那些布料做成的。所以从今以后，你们要监视我，如果谁发现我在偷剪顾客的布料，你们就赶紧喊我一声'师父，火旗！'"

其中一个徒弟问道："然后呢？"
"只要你们提醒我，我就不会再偷剪顾客的布料了。"

徒弟们互相看了一眼，点了点头，裁缝变得高兴起来，随后就像往常一样忙着去做衣服了。

几天过去了，裁缝没有犯这样的错误，直到有一天，一个年轻人夹着一块布料走进裁缝店。年轻人把布料放在裁缝面前，对裁缝说道："师傅，我想用这块布料做一件漂亮的衣服，因为我很快就要成为一名新郎了。"

裁缝看了一眼年轻人的布料，说道："我会给你做一件非常漂亮的衣服，别人看到都会赞不绝口。"

裁缝拿起量尺量了一下年轻人的尺寸，说道："几天后来取你的衣服。"

年轻人走了之后，裁缝摸了一下那块布料，那是一块质地柔软、颜色好看、价格昂贵的布料。摸着布料的时候，裁缝心里颤抖了一下，情不自禁地拿起剪刀想给自己剪一块布料。裁缝的这个动作被正在做工的徒弟们看到了，离裁缝最近的一个徒弟看到裁缝发抖的手握着剪刀，便喊道："师父，火旗！"

其他的徒弟也很担心他们的师父，一起喊道："师父，火旗"

裁缝突然间清醒了过来，问道："怎么啦？你们为什么要大喊大叫？"

一个徒弟说道："师父，我们在提醒你不要做错事。"

裁缝笑着说道:"谢谢你们及时提醒我,但今天没事!"

"什么意思?"

"意思是说,如果我偷剪了这块布,你们不必喊我'师父,火旗'了,因为火旗上没有这个颜色的布料。"

*   *   *

如果有人决定改过自新,但又经不起诱惑重蹈覆辙,并为自己寻找各种借口,往往会用"火旗上没有这个颜色的布料"来安慰自己。

肥皂和旅行者

很久以前,有一个洗衣工,住在周围的人们都不愿意把衣服交给他去洗——交给他衣服的人都后悔了,后来谁都不再找他洗衣服了。原来那个洗衣工有个不好的行为:他拿到顾客的衣服,会把其中一些价格昂贵的衣服藏起来,不还给顾客,然后搪塞顾客:"你的衣服丢了。"

就这样,洗衣工在这个城市失去了信誉,人们也瞧不起他。

有一天,一个又累又脏的旅行者来到这个城市,长途跋涉使他的衣服变得脏乱不堪。他想把衣服送到洗衣工那里洗干净之后,再继续上路。他来到洗衣工的店里时,洗衣工非常热情地嘘寒问暖,并问他日子过得怎么样。

旅行者说道:"我在这个城市逗留几天,还要继续赶路,希望你把我的衣服洗干净一些。"

洗衣工说道:"你把衣服放心交给我吧,几天后你来取,都不会相信那是你自己的衣服了。"

"为什么要这么说?"

"我会把你的衣服洗得非常非常干净,干净得你都不相信那是你自己的衣服。"

洗衣工用甜言蜜语把旅行者的衣服拿到了手，但是几天以后，旅行者来取衣服，洗衣工捶胸顿足，一脸痛苦地说道："我要是死了多好啊，那样我就不会接你的衣服了。多么希望你那天来我店里的时候，我的店被大火烧掉了。"

旅行者说道："千万不要这样说！你为什么要说这么不吉利的话呢？"

"因为我把你的衣服弄丢了。"

"你说什么？我的衣服丢了？难道这个地方还能丢衣服？"

"什么事情都有可能发生，你的衣服真的丢了。"

"现在我该怎么办？"

洗衣工指着自己身上破破烂烂的衣服说道："我把我身上的这件衣服给你可以吗？"

"滚开，不知羞耻的家伙！你想用你的这件破衣服换我的衣服吗？"

旅行者说完非常气愤地离开了洗衣店，万般无奈，只好去市场又买了一件衣服穿在身上。几天后，旅行者把自己的行李放到马背上，准备启程，突然看见那个洗衣工，但洗衣工已经忘记了旅行者的长相。他看到旅行者身上的新衣服，走过来问道："看样子你是一个外地人？"

"是的，我是外地人，怎么了？"

"你需要洗衣服吗？像你这么尊贵的人，不应该穿着脏衣服四处走动。"

旅行者生气地说道："如果要在你们这个城市里洗衣服，绝不能把衣服交给那些洗衣工去洗。"

"为什么？难道哪个洗衣工洗得不好吗？"

"向安拉发誓，我不知道该说什么，你们这个城市的洗衣工真的不敢恭维，因为之前他的肥皂碰到我的衣服，我的衣服就不见了。"

* * *

如果有人用欺骗的手段伤害你，你就对他说："你的肥皂碰到我的衣服，我的衣服就不见了。"

钱的声音

很久以前，一个贫穷可怜的人走进了大市场。中午时，这个饥肠辘辘的可怜人特别想吃一顿可口的饭菜，可是他的手里只有一块面包，就在咀嚼着索然寡味的面包时，从远处飘来的一股烤肉的味道，于是他顺着气味来到了一个烤肉店附近。

他站在了烤肉店的对面，看了一眼在店里吃饭的人们，几个人正在美滋滋地享受着美味的烤肉和面包，而烤肉店里飘出的烟，笼罩在那个穷人的头上和脸上。他的脑子里突然冒出了一个想法，趁烟雾还没有消散的时候，他快速地走近烤肉的地方，把还未吃完的面包，塞进了满是烤肉味的烟雾里，果然他手里的那块面包上，有了烤肉的味道。

吃着面包的时候，他觉得自己就是在吃烤肉，带有烤肉味道的面包，让穷人觉得自己很快乐。就在他沉醉于美味中时，一只手突然拍他的肩膀："你在这儿干什么？"

"你看到了，我正在吃面包。"

"谁允许你这么做了？"

穷人惊讶地说道："难道站在这里吃面包还需要得到谁的允许吗？

烤肉的烟飘上了天空，我只是用烟熏了一下我的面包而已。"

卖烤肉的人说道："你这是不劳而获。我在这里辛苦地烤肉，你一分钱都不给，就吃上了美味的面包和烤肉。"

那个穷人说道："这是什么话！怎么能说我在吃烤肉呢？你烤肉时飘出来的烟雾熏了我的面包，然后飘上了天空！"

卖烤肉的人说道："我听不懂你在说什么，现在只有一个办法来解决这个问题——要么给钱，要么我带你去见法官，让法官来判决。"

穷人生气地说道："你去告我吧，我没有什么害怕的，我要是有钱的话我就买烤肉吃了，而不是吃熏了烤肉味道的面包。"

卖烤肉的人把那个穷人带到法官面前，法官听了他们的叙述后，陷入了沉思。几分钟之后，法官问那个卖烤肉的人道："你不想原谅这个可怜的人吗？"

卖烤肉的人说道："我为什么要原谅他？这个人吃了我的烤肉，他必须要付钱给我。"

于是法官对穷人说道："你想说什么吗？你准备给他付钱吗？"

"我没吃他的烤肉！为什么要付钱给他？"

"毕竟你吃了带有烤肉味道的面包。你有几个硬币？"

"我只有三个硬币。"

"把你的三个硬币交给我，让我来给那个卖烤肉的人主持公道。"

万般无奈的穷人，只好把他的三个硬币交给了法官。法官拿到硬币，把硬币抛到地面上，然后对卖烤肉的人说道："把你烤肉的烟钱捡起来！"

当卖烤肉的人走过去并准备捡起硬币时，法官说道："你烤肉的烟钱不是那些硬币，而是那些硬币掉在地上时发出的声音！"

卖烤肉的人抬头问法官道："尊敬的法官，您的话是什么意思？难道这个人不应该付钱给我吗？"

法官说道:"是的,你说得很对,但是硬币发出的声音就是烤肉散发香味的价钱,你听到的硬币声音,就是那个穷人付给你的烤肉烟钱。"

* * *

如果一个人没有劳作却向别人索要报酬,可以用"硬币发出的声音就是烤肉散发香味的价钱"这句谚语回答他。

算卦者与国王

从前，有一个穷人没有工作。有一天，妻子对他说："夫君，你从明天起去算卦，你并不比国王的算卦者差！"

"做每件事都需要技能，我不会算卦。"丈夫回答说。

"你能做到——你必须去行动。如果你听我的话，所有事都会顺顺利利的。明天一大早，你就去女澡堂门口，打开卦布算卦，虽然不能一步登天，但可以慢慢来。"

没办法，丈夫只好听妻子的话。

第二天早晨，丈夫在女澡堂门前的地上，铺了一小块布，上面摆上几颗算卦用的小石子，他来回挪动那些小石子，嘴里不停地念着什么，意思是他正在算卦。正在这时，大臣的女儿从澡堂跑出来，大声喊："我的戒指丢了。"

整个澡堂乱了套，看管衣服的人问："出什么事情了？"

"我的衣服由你保管，一定是你偷走了我的戒指。"大臣的女儿怒斥道。

保管员捶打自己的头，晕了过去。听到澡堂里妇女、服务员吵作一团，许多人聚集在外面，打听发生了什么事。正在此时，有个人的目光落在了算卦者身上,这个人正是澡堂里的女工,她正在想办法解救自己和保管员。她看见算卦者一边在摆弄布上的石子,一边喃喃自语:"我在池子上面看见一个东西。"

她立即跑进澡堂,大声喊:"我想起来了,我给大臣的女儿搓澡时,把她的戒指放在池子上面的一个小洞里了。"戒指找到了,大臣的女儿奖赏了算卦者,并向保管员道歉。她回到家,把在澡堂里发生的一切详细地告诉了父亲。

算卦者也回家了,他对妻子说:"我再也不去算卦了,我身上一半肉都快吓得没了。若我算卦出错,将会发生什么?"

"你刚开始学,坚持住,不要害怕。"妻子鼓励他道。

国王的宝库失窃,大量金银财宝被盗。大臣禀告国王,有个算卦者可以找到盗贼。国王下令把算卦者找来,要他尽快找到盗贼,他战战兢兢地请求国王给他四十天时间,国王答应了。

算卦者回到家里,捶打着头说:"这次我彻底没救了。"

"安拉至大,你封四十天的斋,向安拉祈求。"妻子安慰他。

丈夫取了四十颗椰枣,递给妻子,说:"每天晚上给我一颗椰枣开斋。"

盗贼团伙听说这个算卦者能通过占卜知道盗贼是谁,于是其中一个盗贼偷偷地爬上算卦者家的房顶,打探他在做什么。

那天正好是算卦者第一天斋戒,他从妻子手里接过椰枣,准备开斋,说:"这是第一个。"

盗贼跑回去对同伙说,原来那个算卦者什么都知道。每天晚上黄昏时分,都有一个盗贼偷偷地来到算卦者家的房顶上,而算卦者为了记住封了几天斋,每当妻子递给他椰枣时,就根据所封斋的天数依次说"第二个""第三个""第四个"……

当轮到盗贼的头目去观察时,他说:"今晚我亲自去查看,看看究竟是什么情况。"

又是黄昏时分，丈夫从妻子手里接过椰枣，说："这个是最大的。"

他的意思是今天晚上开斋的枣，个头最大，而盗贼的头目以为算卦者发现了自己，他一时慌乱，从房顶上掉下来，刚好掉到算卦者面前。他赶紧上前求饶："求你饶了我，我告诉你国王的金银财宝藏在哪里，但不要说是我偷的。"

盗贼的头目告诉他，珠宝藏匿在某个废墟处。

第二天早晨，算卦者高高兴兴地来见国王，告诉他金银财宝藏匿的地方。金银财宝找到了，国王奖赏了他，要求他留在宫中，为国王占卜。算卦者虽留在宫中，享受着荣华富贵的生活，但每天都胆战心惊。

有一天，国王率领亲信去郊外打猎，走着走着，一只蚂蚱跳起来，国王伸手在空中抓住了蚂蚱。他把拳头伸到算卦者面前，说："你猜我手里有什么？"

算卦者看了一眼国王，再看看他的拳头，战战兢兢地说："小蚂蚱逃一次、两次……但最终逃不掉。"

这句话是算卦者对自己说的，意思是他自己能逃过一次两次，但最终会原形毕露，谎言终究会被揭穿。但国王以为算卦者猜对了，他手里的确是蚂蚱，便奖赏了算卦者。但算卦者心里非常清楚，或许下次没有这么侥幸，为了保命，他找借口辞掉宫廷算卦的职务，并下定决心，以后绝不算卦。

* * *

当某人不具备实力，只是因为侥幸而蒙混过关，就可以用"小蚂蚱逃一次、两次……但最终逃不掉"这句谚语告诫他，真相最终会暴露。

新鲜果冻

从前，有一个人，每到一处，说话做事，总爱幽默，招人喜欢。

有一天，有个商人遇见他，邀请他到家里做客。

"你不后悔？"那人说。

"我会感到荣幸，怎么会后悔呢？"商人回答道。

"待客的确是件麻烦的事，我不希望因为招待我而打乱你的生活，妨碍你做生意。"

"不用担心，生意什么时候都可以做，但像你这样和善、慈爱的朋友很难遇见。"

"但愿某天去你家做客时，你依然这样认为。还是算了吧，你这是客套话。"

"没跟你客气，我是真心邀请你来我家做客。你哪天有时间？"

"你哪天邀请我，我就哪天去你家。"

"你想哪天来，就来。"

幽默的人说："好吧，哪天我想去，你准备好中午饭。当然，是在你家里吃。"

"我即使到了世界的另一边，中午也会回家吃午饭。"

过了几天,幽默的人偶然路过商人的家,刚好是中午,他又饿又累,心想:"我已经到这里了,不如进去商人家看看,即使没有午饭,也不重要,我答应过去他家做客,现在正好履行自己的诺言。"

想到这里,他上前敲商人家的门。商人开门,看见是贵客,便上前与他拥抱,说:"欢迎光临寒舍,你的到来让我家蓬荜生辉。"

他把客人请到屋里,让他坐在上席。

商人和客人寒暄了一会儿，之后便去准备午餐。

主人离开很长时间，才端着一个盘子出来，盘子里放着一个碗。他将盘子放到客人面前，指着碗说："十分抱歉，午饭还未准备好，你先吃点儿甜瓜果冻，午饭一会儿就好，你留在这里，我不会让你饿着肚子回去。"

客人心想："像你这样不靠谱的人，在这里蹭一顿饭，太难了。"但他却幽默地说："我来你家怎会指望吃这个软软的果冻？如果果冻留得住，你早为自己留住了。"

商人明白，他向来说话诙谐，话中有话，但又一时无言以对。

* * *

当一个人明知对方不可靠，却还是把自己的希望寄托于对方，可以对他说"如果果冻留得住，你早为自己留住了"这句谚语。

把帽子当法官

从前有一个人,他从来没经历过什么大事。有一天,他遇到了麻烦,正在家里坐着,有人敲门,说是警察。他一听到是警察,吓得跳了起来,立即去开门。警察说:"你从一个陌生人那里拿走了一千个金币,到现在没还给他?"

"哪个陌生人?什么金币?"男人惊奇地问。

警察说:"我不明白你在说什么。两天后到法院来,法官会告诉你,是有罪还是无罪。"

警察走了,那人深深陷入恐惧之中。

妻子见丈夫脸色煞白,就问:"发生什么事了,把你吓成这个样子?"

"法官要判我罪,可我没有犯任何罪。"

"判你什么罪?"

"有比从陌生人手中拿走一千个金币而不归还的罪更大的吗?"

"别担心,你又没犯罪,你是清白无辜的——清者自清。"妻子安慰他。

"我知道我是无辜的,但我从未进过法庭,我在法官面前不敢说一句话，法官肯定会判我有罪。"

妻子是个非常聪明的人。她说："安拉至大，一定有解决的办法。现在，你去屋里，把门反锁上，对着帽子说出你想说的话。"

男人惊奇地说："说什么？让我对着帽子说话？我又不是疯子。"

"我让你对着帽子说话，意思是让你把帽子当作法官，你想象现在站在法庭上，帽子就是法官，你想对法官说什么，就对着帽子说什么，一直说，直到心中的恐惧完全消失为止。"

丈夫接受了妻子的建议，走进屋，把门锁上，取下帽子，放到一个高高的地方，然后彬彬有礼地站在帽子对面，说："法官大人，我不认识这个陌生人，从未见过他，假若他宣称认识我，让他告诉大家：'我父亲是谁？我爷爷是谁？我住在哪里？我有几个孩子？'如果他把钱给了我，请问：'什么时候给的？在哪里给的？给我钱做什么？是借给我，还是给我做生意？有借条吗？谁看见他给我钱了？'如果他回答不上来，让他对乡亲们说明白，为什么要诬陷我。"

男人对着帽子说了好多遍，渐渐感到有胆量了，而且话也说得流畅了。两天后，他来到法庭，法官开始询问，他就把对着帽子说的那些话，全部说给法官听。法官对原告说："你有什么话要说？"

原告看了看那个男人，说："此人说得都正确，我是异乡人，认错人了，把他当成另一个人了。"

法官当场宣判他无罪，还说了一些安慰他的话，让他回家。男人高兴地回到家，妻子问："有什么结果？"

"我终于让法官知道，我是无辜的。"

"把帽子当法官，我说得没错吧。"妻子得意地说。

* * *

如果希望某人公正对待他人,就用"把帽子当法官"这句谚语劝诫他。

吹陶罐

过去，人们用陶罐盛水，用陶碗吃饭，制作陶罐和陶碗的地方叫作陶坊。

有一天，有个年轻人到陶坊学习制作陶罐。首先，师父教他如何用黏土或软土制作陶罐的理论。过了几天，师父又教他如何使用陶轮，如何制作陶坯。再后来，教他如何给陶坯上釉，如何烧制。

学完以上操作，年轻人不辞而别，消失得无影无踪。师父很担心，以为他生病了或遇到了什么麻烦。没过几天，师父得到消息说，他的年轻徒弟已另起炉灶，开了一家陶坊，自己制作陶器出售。师父不但没生气，反而内心祝愿他成功，实现自己的理想。

年轻人按照师父教的，在自己的陶坊开始工作。数周后，他制作的陶罐和陶碗出炉了。从外观上看，与他师父制作的一模一样。然而，人们买了他的陶器，过几天就退回来了，并说："你的这个陶罐和陶碗，洗一次就掉色。"

后来，再没人去买他的陶器，而他师父的制陶坊，门庭若市，顾客络绎不绝。他看到自己制作的一大堆陶罐和陶碗没人买，十分沮丧，苦思冥想也找不到其中的原因。他去向人们请教，有好心人对他说："你师父是远近有名的制陶师,你应该去问他,他知道你的陶器卖不出去的原因。"

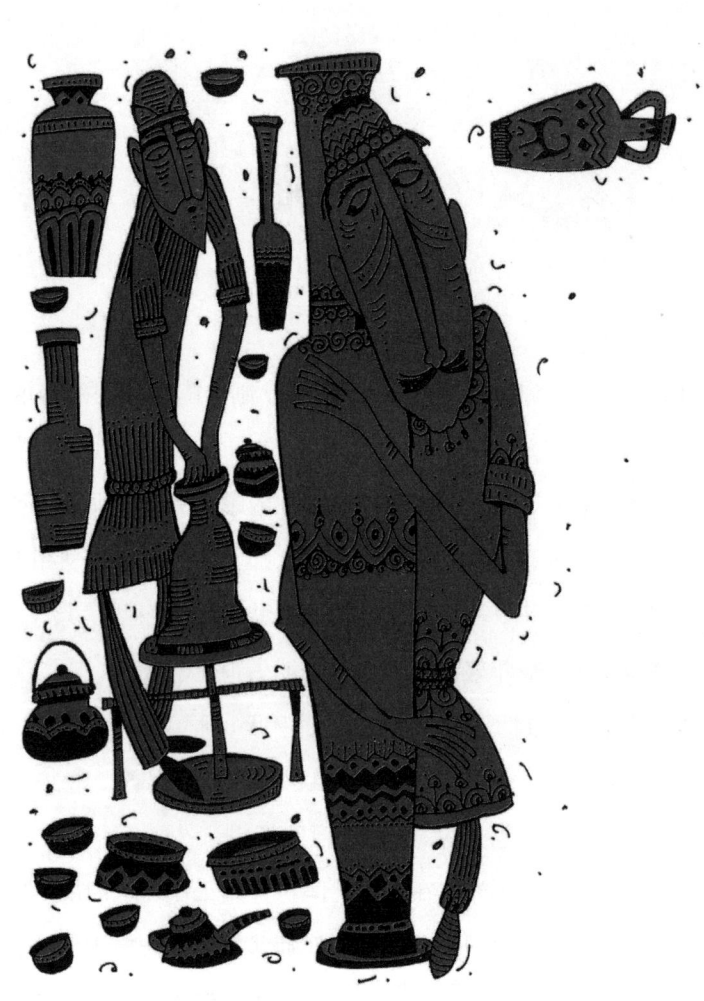

年轻的陶工虽然无脸面见师父,但除此之外,别无选择。有一天早晨,他趁人们还未出门,悄悄地来到师父的制陶坊。他走到门口,右手放在胸前,恭恭敬敬地给师父行礼,然后说:"尊敬的师父,请您原谅徒弟,徒弟没守规矩,未尽职责,不辞而别,尚未从您这里学到制陶工艺,就自立门户,开了一个制陶坊,但制作的陶器没人买。我今天特意来找您,不是来请您指点,而是来向您赔礼道歉,请您原谅我年少无知,我未征得您的同意,就自作聪明,开起制陶坊。"

师父提起陶罐,往陶碗里倒了一碗凉水递给他,语重心长地说:"看在你懂礼貌的分儿上,我不仅原谅你,而且指点你,告诉你制陶过程中出现的缺点。"

年轻人赶紧说:"晚辈牢记师父的谆谆教诲。"

师父顺手拿起一只陶碗,对着碗吹了吹,说:"制作陶碗的工艺你都学到了,但就是没有学到怎样吹。"

徒弟惊奇地问:"吹陶碗?这跟制作陶碗有何联系?"师父笑了笑说:"陶器在上釉前,上面落了灰尘,如果不把陶器上面的灰尘吹掉,釉就无法固定在陶器上。现在,学会吹陶罐了吗?"

* * *

当一个学艺不精、经验不足的人,自以为是地去做一件事时,可以对他说:"学会吹陶罐了吗?"

苏莱曼断案

从前,在先知苏莱曼时代,有个人来找苏莱曼,说:"安拉的使者啊!我的鸭子不见了。"

"我能为你做什么?"苏莱曼问。

"请你帮我把鸭子找回来。"那人说。

"在哪里丢的?"

"不知道是在家里还是在外面丢的。"

"谁偷走的?"

"不知道。"

苏莱曼低头沉思了一会儿,说:"一小时后,你把人们都召集到清真寺来,祈求安拉佑助,找到你的鸭子。"

一小时后,人们来到清真寺,苏莱曼坐在高处,让所有的人都能看见他。然后,他对丢鸭子的人说:"在场的人中,你看是谁偷走了你的鸭子?"

那人回答说:"使者啊!我在人群中看不见偷鸭子的人。"

苏莱曼大声说:"我看见那个偷走你鸭子的人了。"

大家一下子安静下来,互相观看,都想知道偷鸭子的人是谁。

过了一会儿,苏莱曼接着说:"现在希望拿走鸭子的那个人自己站起来,说声道歉,把鸭子还给主人,并向安拉忏悔,安拉将饶恕他的过错。"

清真寺里的人们依然你看我、我看你,没有一个人站起来。苏莱曼说:"已经没有忏悔的机会了,现在我要告诉大家,偷鸭子的人是谁,你们一看就知道。"

每个人都在东张西望,苏莱曼说:"偷鸭子的人的头上有一根鸭毛。"

突然,在人群中,有一个人抬手摸了一下自己的头。苏莱曼用手指着他说:"就是你偷走了鸭子,还不赶快把鸭子还给鸭主人?!"

偷鸭子的人面红耳赤,感到羞愧,说:"安拉的使者,是我偷了这个人的鸭子,我现在还给他。"

人们感到惊奇,其中一人说:"安拉的使者苏莱曼太神奇了。"

另一个人说:"这就叫苏莱曼断案。"

* * *

如果有人做了错事,如侵犯了他人的权利而故意隐瞒罪恶时,某人通过指点或暗示诱导对方自我暴露,可用"苏莱曼断案"这一谚语来形容诱导者的智慧。

印花匠人

从前,城里住着一个印花布的匠人,他起早贪黑,把金色的图案敲打在布上。所以,他的铺子里经常传出"砰砰"的敲打声。

有天晚上,匠人做了个梦,梦见头顶上悬着一个装满水的皮袋,他问:"我头顶上的这个水袋是用来做什么的?为何水袋有些小孔在不停地滴水?"

有声音说:"水袋上的那些小孔是人们的给养。"

"我的给养是哪个孔?"他问道。

"最小的那个孔就是你的给养。"

"这个孔太小了,我的给养孔应该比这更大一些。"

他刚要走近看清楚,就从梦中醒来了。自从做了这个奇怪的梦后,匠人在印花时,总是喃喃自语地说:"敲吧,敲吧,给养早已定了。"意思是,每个人的给养早已定好,无论有多努力,该得到的一点儿不会少;无论有多贪婪,得不到的永远也得不到。

有天晚上,国王马哈茂德·加兹纳维微服私访,在小巷里漫步观察,经过匠人的店铺时,听到里面传出印花布匠人的敲打声和说话声。国王感到好奇,不由自主地走进店铺,和印花布的匠人交谈起来。两人说话投机,天南海北,无所不聊,不知不觉聊了数个小时。国王问:"在印花时,你为何一边敲打,一边喃喃自语地说:'敲吧,敲吧,给养早已定了?'"

匠人把在梦中看到的告诉了国王,国王告辞了。路上,国王决定改变匠人的命运,不让他整天在那里敲打。

第二天早晨,国王下令,把三只煮熟的鸡肚子掏空,里面塞满金币，给印花布的匠人送去。匠人看到一盘美味佳肴——三只熟鸡在中间，周围是米饭，香味扑鼻——甚是高兴，但他没吃，而是自言自语道："我一生从未见过如此色香俱全的美味佳肴，今天不能吃，我要做更有意义的事。"

那天，正好有个卖布的商人来城里，匠人把整盘美味佳肴送去给商人，想和他交朋友，以便往后可以从他手里买进便宜的上等布料，印上花，卖个好价钱，增加收入，改善生活。

匠人把三只装满金币的熟鸡送给了商人，商人发现了鸡肚子里的金币，于是赶紧吃完饭，拿着金币像风一样地离开了那个城市。

第二天晚上，国王又微服私访，他来到印花布匠人的店铺前，看到他像往常一样在那里不停地敲打，把花印在布上。国王感到奇怪：给了他那么多金币，为何他的生活没有发生任何变化？于是，国王敲门进去，与他聊起来。国王问："今天生活过得怎么样？都做了些什么，还有哪些事没有做？"

匠人说："跟往常一样没有任何区别，只是有个人给我送来三只煮熟的鸡。"

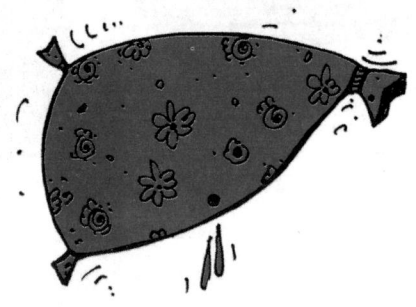

"是不是今天吃了一顿美餐？"

"我没吃。"

国王一怔，惊奇地问："为什么没吃？"

匠人说："我算了一下，这样色香俱全的鸡肉饭很难得，于是我把它送给一个我能从他身上获得更多利益的人了。"

国王听了无奈地摇了摇头说："敲吧，敲吧，给养早已定了。"

* * *

假若某人墨守成规，可以用"敲吧，敲吧，给养早已定了"这句谚语告诫他。

果园的客人

从前,有一个城里人,他厌烦了城里喧闹的生活,打算到乡下过几天清静的日子。

城里人来到乡下,乡村山色秀丽,溪水清澈,空气清新,鸟语花香,宜人的景色让他心旷神怡。他正在陶醉的时候,突然有人喊:"朋友,你站在那儿做什么?"

城里人回头一看,看到一个农民站在围墙上采摘果子。城里人向他招招手,说:"我来这里,是想远离城市的喧嚣,在乡下过几天舒心的日子。"

乡下人笑了笑,说:"欢迎你来到乡下,欢迎你来我的果园做客。"

城里人便朝果园走去,边走边说:"还有比去你的果园做客更好的事吗?"

乡下人从围墙上跳下来,打开果园的门。城里人一进果园,就被眼前的一幕惊得张大了嘴。果园犹如乐园,园里果树种类繁多,果实累累,有的已熟透,有的正在成熟。乡下人说:"园里的水果,你想吃什么就吃什么,直到吃饱为止。"

城里人来到苹果树下,看到树上结满了又红又大的苹果,他伸手摘了一个,吃了几口,又伸手摘下另一个,第二个苹果还没吃完,又摘第三个、第四个……每个苹果他咬一两口就扔到地上。

苹果吃饱了,他又去金光灿灿的葡萄架下,摘了几串葡萄,吃了几个,扔在地上,又去摘桃子。

桃子已熟透,饱满圆润,甘甜多汁,他一口气吃了两个桃子,又摘了一些扔在地上。

乡下人不明白他在干什么,他每到一棵果树下面,就摘许多水果,但只尝一两口,就扔在地上。

两个小时过去了,他摘累了,也吃累了,就坐在一棵果树下休息。他瞟了一眼乡下人:他非常生气,坐在那里一言不发。

城里人知道他为什么生气,便问:"你好像生我的气了?"

乡下人说:"我能说你什么?你一生中,既没有栽培过一棵果树,也没有收割过庄稼,没有因给果树浇水而彻夜不眠过,更没有一早起来观察果树是否发芽的经历。"

"你说这些是什么意思?"城里人不解地问。

"你以为果园里的果树是自己从地里冒出来的?不需要人施肥、浇水、呵护吗?"

城里人站了起来,说:"你说的这些我都知道,果树不可能自己长出来的。我也知道,这座果园的每一个果实,都是你辛勤耕耘,日夜操劳的结果。我也知道,你吃了很多苦头。"

乡下人叹了口气，说："你说话倒是很轻松，但说与做有天壤之别。你永远不知道我为了这果园付出的艰辛和汗水——施肥浇水，事必躬亲，你根本做不到。因为'没有亲身体验，就不知苦中苦'。"

* * *

如果一个人不亲身经历，就不会理解别人的辛苦，只在嘴上说他知道，可以对他说"没有亲身体验，就不知苦中苦"这句谚语。

弟弟的小山羊

　　从前有一个人,他家境宽裕,不愁吃不愁穿;他喜欢上街买东西,但十分吝啬,每次买东西都爱占小便宜,经常多拿东西、少付钱。

　　有一天,他闲在家里,妻子对他说:"家里太无聊了,安静得让人心烦。"

　　"我能做什么?要不,我去市场上买只鹦鹉?"

　　"为何买鹦鹉?"

　　"鹦鹉可以跟你说说话,给你讲故事,逗你乐。"

　　妻子想了想,说:"不行!你知道,花钱买鹦鹉不划算,我们应该买一样东西,既能逗我们乐,又能增添家里的热闹气氛,而且,万一我们厌烦了,可以宰了它,吃它的肉。"

　　"你的意思是买只小山羊来养?"

　　妻子高兴地说:"你真聪明,怎么知道我喜欢小山羊?"

　　"跟你生活了这么多年,难道我不知道你在想什么?告诉我,你喜欢什么样的小山羊?"

　　"要那种活蹦乱跳的。"

　　丈夫起身,穿上衣服,戴上帽子,说:"我现在就去乡下我弟弟家,在那里住几天，然后，给你带一只可爱的小山羊回来。"

他到了乡下，弟弟一见他，就上前拥抱，显得格外高兴。他说："你不知道，我见到你有多高兴，尤其看见你的这些山羊，特别是那些小山羊，使我感到更加高兴。"

"这些山羊都是你的，你要十只都可以，你回去时想带走几只，就带走几只。"弟弟诚恳地说。

"十只太多了,我回去时带一两只就足够了。"他不客气地说。

他在弟弟家住了两三天,又吃又喝,过得很愉快。有天早晨,他对弟弟说:"弟弟,我要回城里了,这几天给你增添了不少麻烦,不再打扰你了。"

"欢迎你下次再来,现在去羊圈,拉一只机灵的小山羊,带回去养着。"

兄弟俩来到羊圈,弟弟从羊群中牵出一只小山羊,说:"这只小山羊,你肯定喜欢,你是要这只呢,还是要更便宜的?"

"更便宜的是什么意思?"哥哥不解地问。

"我这里的山羊没有低于七百第纳尔的,如果要便宜的,得去其他地方买。"弟弟解释道。

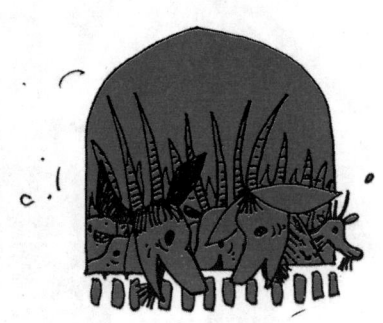

哥哥听了这话,欲言又止,不知说什么是好。弟弟问:"怎么了?为何不高兴?是哪里不舒服吗?"

"我之前没有不高兴,但是今天真的是不高兴。"

"怎么了?"

"你做的事……"

"我做错什么了吗?难道你在我家的这几天,我怠慢你了?还是我说了让你伤心的话?"

"我宁愿挨你打,也不愿听到你刚才说的那些话。"

"我说什么了?"

"我是你哥哥,不就一只小山羊吗,怎么好意思开口向我要钱?"

弟弟把手搭在他的肩上说:"哥哥,你是我的眼珠子,是我心脏搏动的动力,但兄弟归兄弟,小山羊七百第纳尔一第纳尔不能少。"

* * *

在交易和生活中,如果有人想借助兄弟或朋友之情得到更多的利益,可以婉转地说:"兄弟归兄弟,小山羊七百第纳尔一第纳尔不能少。"在轻松中表达自己的拒绝又不失掉情谊。

做号角生意的人

过去的公共澡堂或淋浴室,都是用吹号角的方式召唤大家,看管澡堂的人把水烧热后,就跑到房顶吹响号角,人们听到号角声,就知道洗浴的水热了,可以去洗澡了。

有一个年轻小伙儿,打算出门做生意,那时候做生意,通常是易货交易,商人把本地商品带到其他地方,再换取自己所需的异地物品带回来。

这位年轻的商人把商品装好放到驼背上,与亲朋好友道别,准备启程到很远的地方做生意。离别前,他的父亲再三叮嘱:"孩子,路上一定要小心,土匪半路打劫的事时有发生,千万不要疏忽大意。另外,买商品或交换货物时,一定要看清楚,不要买到次品,更不要闭着眼睛,有什么就买什么。"

"父亲,我这次出去,一定要满载而归,给大家一个惊喜,让亲朋好友刮目相看——我要去一个任何商人都没有去过的地方。"

"我们等你的好消息。"父亲一边说,一边叹了一口气。

年轻的商人高高兴兴地启程了。他走了几个月,人们没有他的一点儿消息。突然有一天,他和同伴们疲惫不堪地回来了。人们听到他们回来的消息,纷纷去城门口迎接。家人们更是欢呼雀跃,火盘里燃烧着芸香,烟雾缭绕,香味扑鼻。许多人夹道欢迎,年轻商人的父亲满脸微笑,站在人们中间,翘首观看,一见到儿子,就上前拥抱说道:"孩子,欢迎归来,一路可好?快告诉爸爸,你都带了些什么商品回来了?"父亲高兴地询问孩子的情况。

"爸爸，先让我休息，旅途的劳累缓解后，我再慢慢告诉您，关于我去了哪里、做了什么、见到了什么、又买了什么。"

父子俩一路谈笑风生往家走。家人已为他准备好饭菜，吃的喝的摆满了桌子，都是他最喜欢的。

大家聚精会神地听他讲述一路的所见所闻。讲完后，父亲急切地问："现在告诉我们，你这次究竟带回来些什么商品。在骆驼驮着的货物中，我没有看到你的商品呀。"

年轻人高兴地说："父亲，我这次买回来的货物，这座城市的任何商人之前从未带来过，够整个城市用好多年。"

"太好了，到底是什么？赶快说来听听。"父亲急切地想知道儿子究竟带回来了什么稀奇的东西。

年轻人把手放到嘴边，做了个澡堂里吹号角的样子，说："我带了几袋澡堂用的号角。"

"你再说一遍？"父亲不相信自己的耳朵。

"就是澡堂里用来召唤人们洗浴的号角。"儿子兴致勃勃地重复了一次，他满以为会得到父亲的夸奖，怎料父亲一下子就晕过去了。家人赶紧往他脸上洒玫瑰水，父亲醒来后，年轻人不解地问："爸爸，您这是怎么了？怎么突然晕过去了？"

父亲叹口气说："你把我气死了。"

"我没做错什么呀，您为什么生这么大的气？"儿子感到纳闷。

父亲唉声叹气地说："傻孩子，你买这个干吗？你让我怎么有脸见人呀，如果亲戚朋友知道你买了七麻袋澡堂用的号角回来，他们一定会骂你是疯子。"

"谁说我是疯子？谁是疯子？"年轻人有点儿不服气。

父亲慢慢地站起来说："你真是个笨蛋，澡堂里的一个号角可以用一百多年，我们这里也仅有一个澡堂，你要活几千岁才能把这些号角卖完？你做得起号角生意吗？"

年轻的商人哑口无言，没说一句话，他也无话可说。

*　　*　　*

"做号角生意的人"后来成为一个谚语，比喻那些费了九牛二虎之力，最后却毫无收获的人，不仅徒劳无益，而且显得有点儿傻。

鸡有一条腿

从前,有个小男孩在一个小商铺里当伙计,他的老板温和慈祥、待人宽厚。老板根据伙计的工作能力给报酬。小伙计在商铺里干得很卖劲,唯独对一件工作不满意,就是每天中午要去老板家给他取饭,每次去取饭,他总在心里嘀咕:"老板的饭肯定好吃,我得想法偷吃一次。"

小男孩不应该有这样的想法,他的老板也并没有吝啬到不给他午饭吃的程度,但小男孩贪心,想在某一天背着老板偷吃老板的饭。

有一天中午,小男孩像往常一样去老板家取饭,老板的妻子也像往常一样,把热腾腾的饭放在一个铜盘里,上面盖上一块白色的布,亲手交给他。

小男孩端着铜盘往回走,没走几步,老板的妻子喊道:"孩子,路上小心点儿,盘子里有鸡肉。"

"夫人,没问题,我用四只眼睛看着它呢!"小男孩回答说。

小男孩端着盘子往回走,途中经过一个废墟,他看四周无人,就坐在一个角落,揭开上面的白布,一只香喷喷的鸡展现在眼前,他高兴得两眼发光,自言自语道:"一只鸡腿归我了。"

于是他把一只鸡腿拧下来,狼吞虎咽地吃了,然后得意地擦了擦嘴，继续往回走。到了商铺，他把盘子放在老板前面，说："老板，这是你今天的午饭。"

老板洗洗手和脸，准备吃饭。他把白布揭开一看，诧异地说："咦，这只鸡怎么只有一条腿？另一只腿去哪里了？这是怎么回事？"

"老板，没什么，不就是一只鸡吗？"小男孩说。

"我知道是鸡，我是说这只鸡怎么只有一条腿？"

"老板，所有的鸡不都只有一条腿吗？"

老板被他的话逗笑了，说："也许你养的鸡只有一条腿，全世界的人都知道鸡有两只腿。"

老板对小男孩的不诚实感到很生气，但并没有表露出来。而小男孩接下来说的一句话，的确让老板暴跳如雷，小男孩说："老板，也许世界上只有一两个人见过有两条腿的鸡，大家都知道，鸡只有一条腿。"

老板把盘子放到一边，使劲揪着小男孩的耳朵说："你在路上对这只鸡做了什么？你知道另一只腿去哪里了！你吃了没关系，可为什么要说这种愚蠢的话？一条腿的鸡，那是什么鸡？"

"老板，这只鸡有一只腿还是两只腿，跟我没有任何关系，饭又不是我做的，我说世界上的鸡只有一条腿，那又怎样？"

老板听到小男孩的狡辩，完全失去了耐心，顺手拿起一根木棍追打。小男孩逃出商铺，他在前面跑，老板在后面追，人们感到很奇怪，为什么一个老板拿着木棍追打一个小孩子？

邻居们跑过来，阻止老板追打，老板气愤地说："放开我，今天我必须教训这个孩子，否则，他不会懂事的！"

一个人问："邻居啊，为什么要教训他？如果打能教训一个人，牛和驴早已变成人了。"

老板气得浑身发抖，晕倒在地，说道："这个不懂事的孩子，不仅偷吃我的一只鸡腿，还嘲讽我。"

"他怎么嘲讽了?"那人问道。

"我给他讲了半天的道理,是想让他承认自己偷吃了一条鸡腿,而他不但不承认错误,反而狡辩说,鸡本来就只有一条腿。你们说说,不打他,怎么能消了我的气?"老板气愤地说。

大家都无言以对,小男孩却一边跑一边说:"鸡就有一条腿,就有一条腿。"

* * *

"鸡有一条腿"渐渐成为谚语,比喻固执己见,不接受显而易见的真理。

铁匠的儿子

过去,父亲们通常把儿子带到某个作坊,交给师傅,让孩子学习一技之长,并磨掉他们的惰性,这样孩子们既能掌握一门手艺,又能挣些工钱,手头上有些积蓄。

对孩子们来说,这的确是个良好开端。然而,偏偏有一个男孩不愿意学习任何手艺。于是,他父亲决定让他学习当时最苦的手艺——打铁。

有一天,父亲拉着这个懒惰的儿子的手去铁匠铺。到了那里,父亲与铁匠师傅一阵寒暄后,说:"师傅,我这儿子聪明伶俐,希望您在夏天这几个月时间,把他培养成像您一样的铁匠师傅。"

铁匠师傅看了一眼懒洋洋的男孩,便告诉他每样工具的使用方法,又让他看了看铁炉。然后,铁匠师傅对男孩的父亲说:"放心吧,我会把他塑造成比我更能干的铁匠,只要他积极主动地学习。"

男孩的父亲说:"师傅,这孩子就交给您了,就当他是您自己的孩子,您想怎么培养都可以,我只有一个要求,就是希望他能成为一位好铁匠。"

父亲说完这话,把男孩交给了铁匠师傅就走了。父亲一走,懒惰的孩子知道自己逃不了了，他很清楚这里不是偷懒的地方。他开始苦思冥想，怎样才能少干活、不吃苦受累。

铁匠师傅首先给他讲解打铁时使用的各种工具及使用方法，然后，指着打铁的火炉说："孩子，你看，我们要想打造任何一件工具，先得把铁放在火炉里烧红，再取出来捶打成我们想要的形状。而要把铁烧红，就得让火炉里的火烧旺，火苗仿佛有灵魂一样，在火炉里活蹦乱跳。如果铁炉里的火不旺，或者火苗不够活跃，铁就烧不红。现在，你就去坐在火炉旁，抓住风箱的手把，使劲地来回拉，用我们行内的话说，给火炉增添活力。"

懒孩子为了表现自己能干，满口答应说："好的，我这就去做。"于是他跑到火炉边，坐在风箱旁，按照师傅说的，开始拉风箱。他每来回拉一下风箱，风就从皮囊口进入火炉，火开始慢慢旺了起来。

大约过了一个小时，男孩累了，对师傅说："师父，我太累了，可以伸开右腿拉风箱吗？"

铁匠师傅擦了一下额头上的汗说："怎么这么快就累了？好的，你伸着右腿拉吧！"

没干一会儿，男孩又说："师父，我可以伸开左脚吗？"

"可以。"师傅回答说。

男孩静不下心来，他觉得这活太累，又找借口说："师父，我躺着干活可以吗？这样火炉里的火会更旺。"

铁匠师傅摇了摇头说："我这辈子从没听说过躺着拉风箱的，真想象不出那是一种什么样的情景，不过，如果你觉得这样更舒服，我也没话可说。"

懒孩子躺在地上拉了一会儿风箱，又自言自语道："我怎么这么笨，为什么不睡在火炉旁？这样既舒服，又能更好地工作。"

他打了个哈欠，对师傅说："师父，天气太热了，拉一会儿就累了，让我睡在火炉旁边拉风箱吧。"

懒孩子的话把师傅气得浑身颤抖,他把锤子往角落一扔,斥责男孩说:"是死是活都得给我拉!"

*　*　*

"是死是活都得拉"渐渐成了谚语,用来劝诫那些懒惰成性、千方百计寻找借口不干活的人。

狗熊与猎人

从前,有一位猎人靠打猎养家。有一天,他像往常一样去郊外打猎,好捕些鸟或别的动物带回家。他走着走着,突然听到有动物悲惨的哀号声。他朝着声音发出的方向走去,看到一只狗熊躺在地上,被一条巨蟒缠住,狗熊用尽全身力气将巨蟒甩在一边,但马上又被巨蟒缠住,动弹不得。巨蟒张开血盆大嘴,欲将狗熊活生生地吞进肚里。狗熊看到猎人,投去求助的眼光。

猎人看到这一情景,大步走上前,用他那强劲有力的手抓住巨蟒的腰,迅速地将它狠狠地摔在地上。过了一会儿,狗熊慢慢地站了起来,温顺地舔着猎人的手和脚。猎人用手摸着它的头说:"你走吧!巨蟒不会来吃你了。你看,它躺在那里一动不动,我使劲把它摔在地上,它已经死了。"

猎人说完这话,就走了。但没走几步,他听见后面有脚步声,他迅速转过头来,看见狗熊跟在后面。

猎人站住,对它说:"你想跟我交朋友?没关系,但你要知道,每天跟着我在郊外跑,你会感到疲惫不堪,而且我没有足够的食物供你吃,如果你不索要食物,可以跟我走。"

狗熊站在那里,聚精会神地听猎人说话。猎人迈步往前走,它紧跟在后面。猎人在烈日下走了近一个小时，什么猎物也没发现，连一只鸟都没有捕到。突然，他看到不远处有一棵参天古树，便加快脚步，朝大树走去。他自言自语道："我得在这棵古树下睡一会儿，休息好了再继续寻找猎物。"

走到古树下，他把打猎工具放在一旁，脱下鞋，躺在树荫下，不一会儿就进入了梦乡。

猎人在树荫下睡着了，狗熊卧在猎人的旁边，一直守护着他，与猎人成为朋友，它感到非常高兴。猎人太累了，在万籁俱寂的郊外，他睡得很香，并且肆无忌惮地打着雷鸣般的呼噜，享受着宁静的大自然。狗熊看到仁慈的朋友睡得那么香甜，感到无比高兴。可偏偏在这时，烦人的苍蝇嗡嗡地飞来，落在猎人的鼻尖上。猎人翻了个身，差点儿被这只可恶的苍蝇弄醒。狗熊在一旁很气愤，它心想：猎人对我有恩，他从巨蟒口中救了我，我一定要想办法赶走苍蝇，让猎人睡个好觉。

狗熊坐在猎人旁边，小心翼翼地用前爪把猎人脸上的苍蝇赶走、苍蝇的秉性本来就是骚扰人的，它飞走了，转了一圈之后，又飞回来落在猎人的脸上。

狗熊怒不可遏，它绝不允许一只小小的苍蝇三番五次地骚扰它的朋友。它在想，如何才能杀一儆百，让所有苍蝇不敢骚扰它的这位睡熟的朋友呢？于是它站起来，看了一下四周，看见不远处有一块大石头，便走过去，费了很大的劲儿才把大石头搬过来。它心想：我要使很大的劲儿才搬得动这块石头，如果这石头砸在苍蝇的头上，肯定能把它砸个稀巴烂。

狗熊喘着粗气，把大石头举起来，站在猎人朋友的头这边。这时，苍蝇又嗡嗡地飞过来，落在猎人的脸上，狗熊举起石头狠狠地砸向苍蝇，并且口中喃喃地说："这次让你有来无回。"

它把石头砸向了苍蝇，石头落下，苍蝇飞走了，但猎人再也没有呼吸了。狗熊慢慢坐下来，看着猎人，等着猎人醒来，它用爪子温柔地抚摩着猎人的头。然而，猎人永远起不来了，因为它最终成了帮倒忙的"熊阿姨的朋友"。

* * *

如果有人好心办了坏事，你就对他说："千万别成了'熊阿姨的朋友'"。

蠢驴找打

从前,一个村庄的一户人家有一头驴,这头驴不仅贪吃贪睡,还很少干活。最让人受不了的是,它的叫声比其他驴大,而且难听。驴的主人是个勤劳的农民,他对这头驴呵护有加。而这头驴特别愚蠢,不知主人对它的好,还经常自言自语道:"我是世界上最出色的驴,主人踏遍世界,也找不到像我这样的驴。"

驴想错了。有一天,主人拉着它的笼头说:"懒驴,听好了,你必须像其他驴一样努力干活,从明天起你得勤快,否则,想吃草和苜蓿之类的饲料,做梦去吧。"

"我们走着瞧。"驴满不在乎地说。

第二天,驴从外面回来,像往常一样走进厩棚去吃饲料,发现主人说到做到,槽里没有任何吃的。驴自言自语道:"看来主人这次是认真的,我要给他点颜色看看,让他知道,谁才是真正的驴。"

驴走出厩棚,伙伴们喊道:"你去哪儿?别走丢了。"

"在这里生活,生不如死,不干活就不给饲料,这是什么逻辑!"懒惰的驴愤愤地说。

驴迅速离开村庄,越走越远,它来到了一个平原,看到一片绿油油的麦田。早已饥肠辘辘的驴,走进第一块麦田,便开始大口大口地吃起来,由于饥饿,它感到特别香甜可口。但它没吃几口,脖子便挨了棒打,它感到很疼,转头一看,见一个农民恶狠狠地说:"畜生,难道你是没有主人的野驴吗?为何如此胆大,闯入别人的麦田,偷吃庄稼?"

懒驴没理睬,继续低着头吃,农民又狠狠地打它的头。驴觉得再继续吃,估计连命都保不住了,立马逃之夭夭。农民为了教训它以后不

要再到农田偷吃庄稼,于是追着打懒驴。正在此时,驴的主人从远处喊道:"住手!为何追打我的驴?你想打死它吗?"

农民说:"你的驴不吃我的麦苗,就不会挨揍。"

主人拉着驴的笼头,对农民说:"驴是牲畜,不会说话,为何如此狠心,把它的头打得血淋淋的?如果这只驴死了,你知道我的损失有多大吗?"

农民说:"你要看管好自己的驴,不要让它偷吃别人的麦苗!我今天的损失谁来赔偿?"

驴站在一旁自言自语道:"主人对我漠不关心,我挨打了,他却只想着自己的损失,我知道该怎么对付他了。"

主人牵着驴回到家中,给了它一把草,并且说:"吃吧,你这么懒,我得为你想想办法。但你必须知道,假若你不勤快,就别想得到饲料。"

驴的伙伴们为它难过,每只驴都从自己的槽里分了一点儿饲料给它,但这点儿饲料对于饥肠辘辘的驴来说,根本无济于事。

第二天,这头驴又从厩棚里逃出来,跑到郊外。这次它不是为了填饱肚子,而是故意找打,让主人遭受损失。它看见有块麦田,有几个农民在干活儿,就故意跑过去,大口大口地吃麦苗。农民见状,全部跑过去,对着驴一顿劈头盖脸地打,驴被打晕了。当这头驴睁开眼睛,发现自己躺在厩棚里时,伙伴们正围着它,为它伤心难过。懒驴说:"我这是怎么了?"

有个伙伴说:"你差点儿被人们打死。"

"主人怎么说?"

"主人很悲伤,他说,如果你死了,他将遭受惨重的损失。"

懒驴笑了笑,说:"看来,我挨打是对的,明天,我还要去找打。"

一头黑驴听到懒驴的话后感到很吃惊,说:"不要有这种错误的想法,与其懒惰,不如好好干活儿,既有饭吃,又不挨打。"

"如果不听你的劝告，结果会怎样？"

"结果就是，你是一头蠢驴。人们会嘲讽我们说：'不要像那头蠢驴，为了给主人带来损失，自己去找打。'"

*　　*　　*

"蠢驴找打"后来成了谚语，比喻那些用折磨自己的手段给他人带来损失的愚蠢者。

把驴拴好

有一天，有个人买了一头驴，他把驮鞍和褡裢放在驴背上后，高兴地对妻子说："老婆，我们也有驴骑了，从今往后，你想要什么我都给你买，你现在想要什么？"

妻子听了，心花怒放，便对丈夫说："你去买些水果、布料和一些其他生活用品。"丈夫骑着驴去市场了。一个小时后，丈夫疲惫不堪地回来了。妻子问："怎么了？高兴地出去，怎么哭丧着脸回来了？"

丈夫把驴扔在院子的一个角落，说："我再也不去市场了！"

"为什么？难道你在市场上被蛇咬了？"

"无论如何，我不去市场了。"

为什么丈夫不去市场了？妻子担心，不知道发生了什么事。过了几天，她对丈夫说："今天陪我去市场。"

"你自己去，我不去。"

"为什么？"

"你没看见，就不知道。"

丈夫硬是不去，但架不住妻子的纠缠，最终同意了陪妻子去市场。他俩骑着驴，来到了市场，丈夫把驴拴在入口处的一棵树上，然后两人进入市场，买了好多东西，准备返回去牵驴。这时，传来一阵吵闹声，他俩一看，自家的驴在市场的人群中乱窜，引得人们哈哈大笑。驴撞翻了一个人，那人手里的东西撒落一地，有人喊："这是谁家的驴？"

丈夫急忙把手里的东西扔给妻子，说："你在这里等着，我去把驴拉回来。"

他朝拥挤的市场跑去，驴被人们的吵闹声惊得到处乱跑，跑得比主人还快，主人使劲儿跑才追上了驴。他牵着驴回到妻子身边，说："你看见是怎么回事了吧？现在明白我为什么不来这个市场了吧？"

妻子冷静地说："这没什么啊，这一切都怪你自己。"

"怎么会是我的错呢？"

"是的，全是你的错，市场没错，驴也没错——不拴好驴，驴当然要跑，人们自然会笑，所以，怪你办事不妥。"

"怎么说我办事不妥呢？"

"驴没拴好，你要把驴紧紧拴在树上。常言道：'若要不被嘲笑，就把驴拴好。'"

*　　*　　*

如果某人没有把事办好，遭到人们的嘲笑，可以对他说："若要不被嘲笑，就把驴拴好。"

天上的谎言

从前,城里生活着两个无业游民,他俩结成了好友,其中一个说:"我俩应该去旅行,以考验我们之间的友谊。"

另一个说:"你会什么手艺?两手空空怎么去旅行?"

"我会撒谎,每到一个地方,骗上几个人的钱,赶快离开,再到另一个地方行骗。"

"太好了,你会编谎话骗人,我会圆谎,你编的每一个谎言,我都能圆上,我俩合作行骗,没有人不相信。"

他俩一个会说谎,一个会圆谎,天衣无缝。于是他俩启程旅行了,走了好几天,来到一个村庄。他俩把村里的人召集在一起,开始编造谎言。第一个人说:"有一天,我去打猎,突然看见一只鹿,我把猎枪对准它,那鹿跑得比闪电还快,但还是中弹倒地。我一眨眼的工夫,就跑到鹿跟前。我一看,大吃一惊。"

人们好奇地问:"你看见什么了?"

"你们知道我看见什么了吗?我看见鹿肉已被烤好了,我坐下来,把烤好的鹿肉吃了。"

大家感到惊奇。这时,圆谎者说:"没有什么奇怪的,发生这种事很正常。比方说,这头鹿倒在干草丛中,草丛旁边刚好有一块布,我的朋友开枪射击时,子弹打在布上,摩擦起火,点燃了旁边的草丛,就把鹿烤熟了。"

人们尽管很难相信这个谎言,还是找不到反驳的理由。他俩离开村庄,继续往前走,又来到一个村庄。他俩又召集一些人,开始编造谎

言。一个说:"有一天,我在郊外打猎,朝天开了一枪,突然一只鸡掉了下来。我走过去看,大吃一惊,这只鸡竟然已做成一道菜——核桃炖鸡肉。"

有个人问:"然后呢?"

"你想会怎样?我坐下来,饱饱地吃了一顿。"

这一次,圆谎者一言不发,人们根本不相信这个谎言,对他俩嘲笑一番后,四散而去。说谎者责备圆谎者说:"我费尽心思在编造谎言,你不是会圆谎吗?为何一句话也不说?我们已约定好,我编造谎言,你圆谎。你不圆谎,没有人会相信我的。"

"这次真的圆不了你的谎言。"

"为什么?"

"因为你说了天上的谎言,你应该说地上的谎言。"

"有什么区别吗?"

"当然有区别,你想过没有?为了证实'从天上掉下一盘核桃炖鸡肉'的谎言,得考虑这道菜的配料,如核桃、石榴酱、食用油等从哪里来,烹饪还需要锅碗等餐具。你在荒郊捕猎,没有水,没有草,你是怎么把一只鸡打下来的?这些都需要合理的理由,所以,天上的谎言圆不了。"

* * *

如果有人编造谎言,又找不到恰当的理由取信于人,可以对他说:"天上的谎言圆不了。"

小偷与旅客

从前,有一个生性天真的人,打算骑着自己的老马外出旅行。他走了几天的路程后,遇见一个陌生人站在路中间,陌生人上前打招呼,问他去哪里。他对陌生人说:"我去旅行,希望这次旅行有所收获,满载而归。"

陌生人说:"祝你旅行愉快!但你骑的这匹老马没有钉马掌,如果继续走下去,马蹄会磨坏的。"

陌生人告诉他,马没有马掌,马蹄会磨坏,马会受罪。但他没有听陌生人的忠告,也没想办法去解决,而是继续走路。没走多久,马累了,蹄子开始疼痛,加上天气炎热,马自然走得很慢。他骑在马背上,竟忘了自己在哪里,以为坐在摇椅上,优哉游哉地晃着。慢慢地,他睡着了。

马毫无目的地走着,他在马背上睡得很香。突然,有两个小偷走了过来,跟他打招呼,他没回应,喊他也没有出声。小偷便明白,他在马背上睡着了。

其中一个小偷问:"怎么办?"

另一个说:"把他弄醒,揍他一顿,谁叫他睡在马背上?然后把他丢在一个角落，我们把马牵走。"

"这不是给自己找麻烦吗？我们又不是他父亲，干吗教训他？"

"那你说，我们怎么办？"

"不要弄醒他，轻轻地把他从马背上抬下来，放在地上，我们把马牵走。"

两人谋划好后，一个人先抓住马的笼头，把马牵到一边，然后，两人轻轻地抓住褡裢，把那人从马背上抬了下来，再轻轻地放在地上。由于路途劳累，可怜的旅行者被两个小偷抬到地上，还在酣然大睡。两个小偷就这样把马偷走了。

不知过了多久，酣睡的旅行者被苍蝇吵醒了，他不知道发生了什么、自己怎么会睡在地上。他立即站了起来，发现自己的马不见了，他四周找了半天，仍看不见马的踪影。他叹了一口气，决定放弃旅行。他把褡裢扛在肩上，徒步返回家。他本来对这次旅行抱有很大希望，但现在，不仅没有收获，而且把马也弄丢了，他怎么向家人交代，怎么向人们解释？如果实话实说，告诉人们他的马被偷了，当时他睡着了，他们一定会嘲笑他。这时，他想起了那位陌生人对他说的话。

旅行者拖着疲惫的身子走了数小时，终于到家。有个人见他狼狈的样子，就问："你怎么了？走的时候看你很疲惫，回来时更疲惫了。"

"换作你，你会比我更惨。"

"到底发生了什么？"

"都怪我那匹老马。"

"你的马跑了？"

"没跑,路上遇到一个人,他对我说:'你的马没有钉马掌,马蹄会磨坏的。'我没听他的话,那个牲畜被磨没了。"

"你的意思是,你的马从蹄子开始磨,最后被磨没了?"

"是的,是先从蹄子开始磨,磨着磨着,马就被磨小了,最后磨没了,只剩下这个褡裢了。"

*　　*　　*

如果一个人生活本来就拮据,又麻痹大意,导致失去了所有资产,变成穷光蛋,可以用"马被磨没了"这句谚语形容他。

狐狸与骆驼

从前，有一只狐狸从窝里出来寻找食物，它环顾了一下四周，高兴地说："今天像往常一样，我想要什么，就能得到什么，肯定能找到自己喜欢的食物。"

狐狸一边走，一边沉浸在美好的幻想中。走着走着，离窝越来越远，但他没有发现任何自己喜欢的食物。他自言自语道："今天是什么日子，怎么找不到任何食物？离家也远了，现在该怎么办呢？"

狐狸往回走，没走多远，他听到有声音喊："朋友，你要去哪里？"

狐狸想：我在这荒郊野外，没有什么朋友，是谁在叫我呢？

狐狸朝着声音的方向走过去，看见一峰骆驼。

骆驼问："你独自一个？"

"是的，就我一个，现在饿得受不了了。"

"为何饿呢？"

"我们狐狸不像你们骆驼，可以在荒郊野外吃草充饥，我们的食物是老鼠、兔子、公鸡、母鸡，可今天我一只也没发现，不知道它们都去哪儿了？"

"可怜的朋友，或许你的努力还不够。"

狐狸生气地说："谁说我没努力了？我走了很多路，连回家的路都找不到了。"

"不要生气，过来，我们一起走，散散步，或许能找到食物。"

狐狸没有去处，就跟着骆驼走了。

他们走啊走啊，走到一条河边，狐狸站住说："你把我带到哪里了？怎么把我带到河边了？"

"这是条小河,难道你以前没见过河吗?跟我来,我经常走这条河,熟悉这里的情况。"

骆驼走进河里,狐狸跟在后面,骆驼边走边回头看狐狸,看它是否跟得上。到了河中间,河水有点儿深,骆驼个子高,毫无顾忌地往前走。这时,狐狸大声喊道:"骆驼,你往哪儿走呢?我快被淹死了。"

骆驼说:"这水不深,才到我膝盖,跟着我走,淹不死。"

狐狸大声说:"膝盖与膝盖有天壤之别。"

* * *

后来,"膝盖与膝盖有天壤之别"成了谚语,比喻两件事物外表相似,其实有很大的区别,没有可比性。

恶魔的绳索

从前,有一位学者,他心地善良、纯洁无瑕、敬畏安拉,人们把他比喻为黑夜的明灯。

有一天晚上,学者做了个奇怪的梦,这个梦不仅令他震撼,也是给其他人的警示。梦的意思是,每个人都有可能陷入恶魔的圈套,即使终生行善、内心纯洁的学者,也有可能成为恶魔的猎物。

有一天晚上,神秘的世界万籁寂静,学者在一个偏僻的地方遇见了恶魔。他知道,恶魔除了诱骗人们和教唆人们干坏事之外,不会有任何善念。但今天,他看见恶魔手里拿着几根长短不同、粗细不一的绳子,他感到奇怪,便问道:"人类的公敌,你要去哪里?"

"关你什么事?"

"我想知道你要去哪里,手里拿着绳子做什么用。"

恶魔站住,解释说:"你不要问我做什么,你比任何人都明白我是做什么的。至于这些绳子,是用来把人们拉向我这边的。"

学者指着绳子说:"为何这些绳子不一样?"

恶魔告诉他:"是因为人不一样。有的人不接受我的教唆,这时我会用这根粗的绳子,把他拉过来;有的人,我略施诡计,他就跟我走,对于这种人,用这根细绳子,就可以把他拉过来。"

学者指着那根又粗又长的绳子问:"这根绳子是用来拉谁的?"

"这根绳子是用来对付一位大人物的,无论我怎么诱惑,他都不上当,所以,我准备了这根又粗又长的绳子,看能否把他拉过来。"

学者接着问:"你准备用哪根绳子拉我?"

"拉你不需要绳子,你自己会跟着来。"

* * *

"拉你不需要绳子,你自己会跟着来"渐渐成为谚语,比喻那些无恶不作、自己跟着恶魔走的人。

第二根柱子

从前,有一个人犯了罪,法官宣判:对他实行鞭刑,叫人将他带去绑到柱子上抽打。

执法人员把犯人带来,传令官通知人们,将在市中心广场惩罚一位犯人,于是男女老少纷纷涌向中心广场。

人们聚齐后,警察局局长高声宣读了法官的判决书,执法员则将犯人绑在柱子上鞭打。刚打几鞭,犯人大声喊叫:"放开我,放开我!"

警察局局长说:"如果现在能放你,就不会把你绑在柱子上了。"

"把我从这根柱子上放开,绑到另一根柱子上。"

"你以为把你绑到另一根柱子上,你就可以免遭惩罚了?"

犯人哀求道:"把我绑到另一根柱子上,我再告诉你们原因。"

警察局局长示意执法人员,把犯人从第一根柱子上松绑,再绑到第二根柱子上。

绑好后,警察局局长对犯人说:"这根柱子与那根柱子有何区别?无论绑在哪里,你都要被鞭打惩罚。"

犯人用绝望的眼光看了一眼警察局局长,说:"这根柱子与那根柱子没有任何区别,但我在想,在把我从这根柱子转移到那根柱子期间,或许有人跑来传达命令,取消对我的惩罚。从这根柱子到那根柱子之间蕴藏着希望。"

* * *

后来,"从这根柱子到那根柱子之间蕴藏着希望"成了谚语,指人深陷困境,无法摆脱,但心中仍存一丝希望。

石头砝码

从前,人们把小麦送到磨坊,磨成面粉,磨面粉的人叫作磨坊工。有一天,有个人用驴把小麦驮到磨坊。到了磨坊后,他后悔了,不想把小麦磨成面粉了。于是,他拉着驴原路返回去。

磨坊工听到驴的铃铛声,从磨坊跑出来问:"怎么了?为何来了又要回去?不想让我把你的小麦磨成面粉吗?"

这个人找了个借口说:"我以后再也不会来这个磨坊磨面了。"

"为什么?"

"因为你的工费太高了,从今以后,我不会再来这里,我要找一家比你的工费更低的磨坊去磨面。"

磨坊工吃惊地说:"这些年来,你一直把小麦拿到我这里磨面,怎么突然后悔了?"

"我已经说了,我要去比你的工费低的磨坊磨面。"

磨坊工摇摇头说:"随你便,大路朝天任人走,把你的小麦拿到别的磨坊去磨吧。"

那人牵着驴走了。没走几步,又后悔了,他心想:我怎么这么说话,难道除了这家磨坊,还有其他磨坊吗?

他开始担心,离开这家磨坊,找不到第二家,于是决定返回去。但找什么借口回去呢?他灵机一动,自言自语道:"就说,他的砝码有问题。"

他返回来后,大声喊叫磨坊工,磨坊工出来问:"又怎么了?你走了怎么又回来了?后悔了吗?"

那人整理了一下思绪,说:"没有后悔,我返回来是为了你,并不是来找你磨面。"

磨坊工沉思了一会儿，然后问："为何说是为我而来？"

那人表现出关怀他的样子，说："其实，我走了就没必要回来，只不过，若你想听我说，我就告诉你，你磨坊的砝码有问题——那块石头砝码不准，应该换掉。"

磨坊工笑道："离开磨坊，砝码跟你没有关系！"

* * *

后来，"离开磨坊，砝码跟你没有关系"成了谚语，比喻某人心口不一。

狗与驴

从前,有头驴离开了驴群,逃离了村庄,来到荒郊野外,心情十分欢畅,因为它可以不再为主人搬运东西,主人也不用再给它准备饲料和水。

驴走了一段里程后,感到口渴。它自我宽慰说:"很快会到一个美好的地方,那里水肥草美、任我享受。"

现实是残酷的,驴的美好愿望并未实现,它没有找到比之前喝过的更可口的水,更确切地说,它根本没有找到水。

驴感到又累又渴,气喘吁吁,它站在原地,举目四望,眼前除了一望无际的荒漠之外,没有别的。它浑身无力,四条腿如灌了铅一样,抬不起来,它感到身体虚弱,倒在地上晕了过去。当它再次睁开眼睛时,隐隐约约看到有个动物站在面前,并且听到有声音说:"驴,你还活着吗?"

驴躺在地上挪了挪身子,说:"你是谁?谁说我死了?"

"我是狗,站在这里等你死,你死得越快,我越高兴。"

"你这条长舌头狗,谁说我要死?"

狗往前迈了一步,说:"你目前的状况已经表明,你离死不远了,如果你觉得自己还活着，就起来踢我一脚。"

驴抖了抖耳朵，说："或许我现在没有能力踢你，出于礼貌，有能力我也不会踢你。但我明白地告诉你，我不会死，我现在只是休息一下，不想做任何事而已，滚开吧，不要打扰我休息。"

狗幸灾乐祸，围着驴转了一圈，说："我的好运来了，迹象表明，你很快死去，我将享受一顿丰盛的美餐。"

"谁都会死，你也会死。但我们驴的家族在人们中间口碑最好。"

"是因为你们的蹄子是金子?"

"不是,我们以命大而著称。"

"什么意思?"

"就是说,我们生病了,一时半会儿死不了。"

狗卧在地上,说:"你说得太正确了,我的一个朋友对我说,驴的确死得很慢。"

"所以,我还没死,你却等得累死了。"

"我对我朋友说了,它把我说的话转告给所有狗了。"

"你对它说什么了?"

"驴死得慢,狗耐心大。"

* * *

如果某人为了得到钱财或地位,不怕辛苦和劳累,可以用这句谚语:"驴死得慢,狗耐心大。"

新娘做饭

从前,有个刚结婚的新娘,打算在家做饭,这是新娘在新郎家做的第一顿饭。生活经验丰富的婆婆走到新娘旁边,问道:"你在做什么?"

"我想做晚饭。"

"太好了,晚饭想做什么?"

新娘不假思索地说:"做一道库夫特菜。"

"这是一道好菜,你以前做过吗?"

新娘不高兴地说:"你问这个干什么?难道这个菜不好吃吗?还是我丈夫不喜欢吃?"

"不是,我的意思是,你需要我帮忙吗?因为做这道菜比较麻烦。"

新娘不耐烦地说:"我会做各种菜,知道怎么做库夫特菜。"

婆婆走开了,从远处盯着新娘,只见新娘站在锅边,不停地搅锅里的水。她看出来,新娘根本不懂怎么做这道菜,但又碍于面子,不想让她知道她不会做菜。后来,婆婆实在看不下去了,走过来对新娘说:"闺女,做库夫特菜,首先要把蔬菜和肉放到臼罐里弄碎。"

"这个我知道。"

"水要烧开。"

"我知道,正在烧水呢。"

"把弄碎的蔬菜和肉捏成团,再一个一个地放到锅里。"

新娘不耐烦地说:"我知道。你怎么话这么多?"

婆婆很生气,大声说:"这些都做好了,还要在锅盖上放一块砖坯,这个你知道吗?"

"如果你相信我的话——我告诉你,这个我也知道。"

婆婆走了，新娘忙着准备晚饭——库夫特菜。她按婆婆说的，把原料放到臼罐里弄碎，然后把水烧开，再把肉泥与蔬菜捏成小圆球，一个一个放到锅里，她没有忘记婆婆说的最后一句话，把一块砖坯放到锅盖上。她以为把砖坯放在锅盖上，也是做这道菜的最终程序。

做完这些，新娘感到很得意，就去干别的事了。晚上，丈夫回家问："老婆，晚饭做什么了？"

新娘高兴地说："我特意做了一道你最喜欢吃的库夫特菜。"

"我喜欢这道菜，快拿来吧，我快饿死了。"

新娘走到锅边，整个身体僵住了，放在锅盖上的砖坯受水蒸气的作用，变成泥浆，流得满锅盖都是。丈夫在屋里喊："你做的库夫特菜怎么还不端来呀？"

新娘不好意思地说:"不知道为什么,饭煮坏了,你母亲亲口对我说:用砖坯压住锅盖。"

* * *

如果某人骄傲自满,自以为是,不听别人的劝告,最后遇到困难,可以对他说:"用砖坯压住锅盖。"

在玻璃瓶外吃奶酪

从前,在一座城市里有一个爱财如命的商人,他把所有挣来的金币都藏起来,很少花费。商人对自己的生活感到很满意。但他的老婆和孩子因经济拮据,日子过得很苦。

商人有一个儿子,在所有的饭菜中,他最喜欢吃奶酪。商人舍不得让儿子吃奶酪,就把家里所有的奶酪都装在一个玻璃瓶里,并对儿子说:"从今以后,你想吃奶酪,必须征得我的同意,不得擅自打开玻璃瓶。"

"爸爸,难道奶酪是毒药?"

"对你来说,比毒药更毒。从现在起,我要为你的未来着想,如果现在不管你,等你长大以后,你一天能吃半西尔①奶酪。"

于是,父亲把奶酪瓶锁在壁柜里,对儿子说:"你想吃奶酪,就告诉我,我给你取。如果你听我的话,这些奶酪够你吃好几年了,玻璃瓶里也一直都会有奶酪。"

儿子想了半天也想不通,就这么点儿奶酪,怎么够他吃好几年,而且玻璃瓶里也一直有奶酪?第二天,他来到商人身边说:"爸爸,我饿

---

① 西尔,计量单位,在伊朗于等于75克,在阿富汗约等于7千克。

了,我要奶酪。"

"你要奶酪做什么?"

"还能做什么?当然是吃啊。"

"你去拿点儿馍馍来。"

儿子从餐桌上拿了点儿馍馍回来。父亲打开壁柜,拿出玻璃瓶,放到儿子面前,再从儿子手中拿过馍馍,在玻璃瓶上抹了一下,放到嘴里说:"这奶酪真好吃!现在,轮到你吃了。"

儿子也将馍馍在玻璃瓶上抹了一下，放到嘴里说："这奶酪真奇怪！"

从那天起，每当儿子饿了，就跟商人说要吃奶酪，商人就打开壁柜，把馍馍放在装奶酪的瓶上抹一下，递给他，直到吃饱。

有一天，商人出去办事，回家晚了。儿子饿了，来到壁柜前，却怎么也打不开。没办法，他只好用馍馍在壁柜的锁上擦了一下，再把馍馍放进嘴里吃。商人很晚才回来，像往常一样，他等着儿子要奶酪吃。但儿子一句话也没说，于是商人问："今天你怎么不说话？难道不饿吗？"

"我今天吃了馍馍和奶酪了。"

"你怎么吃的？"

"我特别饿，想打开壁柜取奶酪，但壁柜的锁打不开，就用馍馍在锁上擦了一下吃了，直到吃饱。"

商人狠狠地打了儿子一巴掌，说："难道你连一天都忍耐不了？不会克制一下吗？"

儿子哭着说："爸爸，为什么打我？我又没吃奶酪。"

商人生气地说："那你吃什么了？一天不吃奶酪不行吗？今天的行为说明你成不了一个商人。难道你没听说过吗？商人在玻璃瓶外吃奶酪。"

* * *

"在玻璃瓶外吃奶酪"后来成为谚语,比喻那些家境宽裕,却让家人过窘迫生活的吝啬鬼。

国王作诗

从前,有个国王特别喜欢诗歌和诗人,他经常与宫廷诗人们座谈,倾听他们吟诵诗歌,并且常常陶醉于诗歌之中。有一天,国王独自一人在宫殿,突然有了写诗的灵感,他万分高兴,自言自语道:"我不比其他诗人差,我是国王,应该什么都懂,应该自己写诗。"

国王叫人拿来笔和纸,把自己想到的写在纸上。写完后,国王下令召见诗圣。诗圣进来后,国王高兴地说:"你知道今天宫殿里发生什么事了吗?"

"陛下,我不知道发生什么事了。"

"我创作了一首诗,当朝一百位诗人也写不出如此优美的诗歌来。"

诗圣沉思片刻,说:"应该如此,国王的诗应该是天下最优美的,我可以拜读陛下的诗吗?"

国王高兴地说:"当然可以,这是你的荣幸,因为你是第一个见到也是第一个读到国王的诗歌的人。"

诗圣拿起国王写的诗歌,看了看,刚要朗诵,却难于开口。国王问:"怎么了?是被我优美的诗歌震撼了吗?"

诗圣非常勇敢,大胆地对国王说:"陛下,您的做法让我无言以对,您把这些说成是诗歌?"

"难道不是诗吗?我觉得比你们写的诗更优美。"

"陛下,国王的地位和身价远比这些词句高尚得多,国王写的诗,其美妙和伟大须与国王般配。"

国王不耐烦地说:"你说这么多我听不明白,我的诗究竟是好还是不好?"

"这不是诗,更不是国王的诗。"

国王大怒,大声吼道:"来人!把他带到马厩里,关上几个月,他就明白什么叫国王的诗。"

于是诗圣被带到马厩囚禁起来。

在此期间,大臣和朝官并未闲着,他们纷纷上书,恳请国王释放诗圣。国王回答说:"先等一段时间再说。"

在诗圣被囚禁的这些日子里,国王埋头写诗,他想写出最优美的诗歌,等诗圣获释后,让他昭示天下,国王不仅是一国之君,更是位出色的诗人。

过了几天,在朝官们的再三请求下,诗圣获释了。他感觉很累,身心疲惫,休息了一两天,才来觐见国王。

国王一见他就说:"希望你在监狱里的这些日子,懂得什么叫国王的诗。"

"陛下,在监狱里,我一直想念着陛下。"

"那我很高兴。你知道吗?这段时间,我也没闲着,我写了许多诗,比以前的诗好多了。"

"陛下,请您读一读,我在此恭听。"

国王清了清嗓子,开始朗诵自己的诗,诗圣静静地听着。

朗诵完了,国王问:"这首诗写得怎么样,是不是比以前的优美多了?"

诗圣低头沉思了一会儿,说:"陛下,我自己去马厩。"

* * *

谚语"我自己去马厩"是针对那些固执己见、不愿接受别人意见的人的自我嘲解。

猫的食物

从前,有一位虔诚且有爱心的人,他非常喜欢动物,经常把自己吃的食物分给附近的动物吃;尽管他自己生活并不宽裕,很少能够吃到喜欢的东西。

有一天,他攒了一点儿钱,说:"好几个月连肉的影子都没见到,今天,我要用这些钱好好吃一餐烤肉。"

于是他去市场买了大饼和烤肉回家。他把烤肉放在屋里,房门半掩着,然后去到水池旁洗手和脸。当他回来铺餐桌布时,突然听到猫叫声,一只猫在门外,歪着脑袋"喵喵"地叫。看见猫饿了,他不可能无动于衷,于是便将一小块大饼和烤肉给了猫。猫吃完后,还是叫,他又给了一块饼和肉。猫继续叫,他又给了一块。猫还没吃饱,又叫了起来,他把第三块饼和肉扔到猫面前,说:"吃吧,这已是第三块了,给动物三口食是嘉行,我已做到了。你走吧,该轮到我自己吃一口了。"

猫好像听懂了他的话,也或许吃饱了,摇着尾巴,高兴地走了。于是这位好心人开始用餐,然而第一口还没咽下去,又听到"喵喵"的叫声。他一看,见来了另一只猫,站在门口,歪着脑袋,等着他给点儿吃的。看到猫这副可怜的样子,他心里难受极了。他说:"好吧,只给三口食,吃完赶紧走,但条件是不要告诉你的其他朋友。"

他给了第二只猫三块大饼和肉,第二只猫吃完也心满意足地摇着尾巴走了。

为了不让其他猫打扰,他站起来去关门,心想,这回可以安心用餐了。但刚要关门,眼前的一幕令他大吃一惊:几只小猫和大猫闪电般地跑到门外。他想,肯定是刚刚吃了大饼和烤肉的猫给它们通风报信了。

于是这位和善的人坐在门边,把一块烤肉放在这几只猫的面前,但显然不能满足它们,吃完后,几只猫"喵喵"大叫,叫声此起彼伏。他感到无奈,只得把所有烤肉都给了猫吃,他自言自语道:"看来我无缘吃烤肉。现在该我'喵喵'叫了。"意思是你们想吃烤肉,我全部给你们,我"喵喵"叫,你们也得给我三口。

* * *

如果某人的善良被别人利用,他可以说"该我'喵喵'叫了"这句谚语。

仆人与大海

从前，帆船是海上的主要交通工具，海上航行不仅时间长，而且危险重重，甚至有的船遭遇狂风巨浪，沉入海底，有去无回。

有一次，一位仆人随主人乘船旅行。他从未乘过船，一上船就担惊受怕，主人安抚他说："放心，我乘船旅行时，你还没有出生呢，如果安拉不意欲，一片叶子都不会从树上掉下来。"

仆人说："主人，我担心遇到狂风巨浪。世事难料，你怎能确定这次旅行平安无事？"

主人不高兴地说："住嘴！安安静静地待着，否则，你看我怎么收拾你！"

仆人不但没有安静，反而大声吵闹，影响游客。在游客中，有一位知识渊博、见多识广的哲人，他来到主人面前，问："怎么回事？为何仆人哭闹不停？"

"既没有灾难，又没有遇到巨浪，他却害怕得哭了起来。"

哲人思索了一下，看了一眼仆人后，对主人说："先生，你的仆人害怕，是因为他不知道这条船是世界上最安全的船。"

仆人问："为何说这条船是世界上最安全的船？"

哲人抓住他的胳膊,把他从座位上拉起来,说:"跟我来,我让你看看,你就相信了。"

哲人把他带到甲板上,猛然将他推到海里。仆人不知道发生了什么,大声求救。

船长也不知道发生了什么,跑过来问:"哲人,你是有识之士,受人尊敬,为何把这个可怜的仆人扔进海里?"

哲人笑了笑，淡定地说："叫船员把他从水里捞上来。"

几个船员跳进海里，把仆人从水里捞上来，放在甲板的一个角落。从海里获救的仆人吓得浑身发抖，看到主人，高兴地说："那人说得对，这条船才是世界上最安全的地方。"

哲人对他说："当你在安全舒适的地方，比如在这条船上时，你不知道什么是福；当你掉进海里，眼看死亡临近时，才知道这条船有多安全。常言道：'不经历灾难，就不知道幸福。'"

* * *

"不经历灾难，就不知道幸福"渐渐成为谚语，用来告诫那些身在福中不知福、享受恩典却不感恩的人。

瘦人文狮

从前,有些勇士和身体强壮的人,喜欢在身上文一些花草、蝴蝶、狮子和豹子等图案。虽然文身不合适,但这是当时的风俗。文身需要文身师用针在身体上画图、割线、上色。文身要遭受皮肉之苦,因此很少有人愿意文身。

有一天,有位身体瘦弱的人,想像勇士那样文身,于是他找到文身师,说:"师傅,我想在背部文一头猛狮。"

文身师看了他一眼,见他骨瘦如柴,就对他说:"你是勇士?"

"我想成为勇士。"

文身师备好工具,把他的衬衣撩起来,在他脊背上轻轻刺了一针,那人痛得大喊大叫:"你在干什么?想杀死我吗?"

文身师说:"我遵照你的吩咐,从你的颈部之下至腰部之上文一头狮子图案。"

"从狮子的哪部分开始文?"

"先从狮子的头部,然后文鬃毛,然后……"

那人感到脊背疼痛难忍,便问:"你要文只什么样的狮子?"

文身师说:"跟所有狮子一样,你先让我文,文完了,你一看就知道了。"

"可以文一头没有狮头和鬃毛的狮子吗?"

"可以,你想要什么样的都可以,那我先从狮子肚子开始?你不会生气吧?"

"好的,就从狮子肚子开始,小心点儿,别刺疼我了。"

文身师重新开始文,刚要落针,那人惊叫一声。文身师问:"怎么了?"

"你在做什么？我感觉到整个身体被火烧了一样。"

文身师放下手中的针，说："你说，我该怎么做？我无论从哪里开始，你都大声喊叫。"

那人沉默了一会儿，说："难道所有狮子必须一模一样吗？这头狮子能不能只有一只脚？"

文身师说："我的工作是文身，你喜欢的任何狮子，我都可以文在你的脊背上，唯一的要求是你保持安静。你大声叫喊，叫我怎么工作？"

"好吧，你放心地在我背上文一头猛狮吧，我哼都不再哼一声了。"

他虽是这么说，但文身师刚要文，他又开始大吼："住手！你这不是在文身，是在杀人！"

文身师说："你这人真奇怪，让我在你背上文的狮子，现在只剩下一根尾巴了。"

那人笑着说："你说得对，就在我背上文一根狮子的尾巴——毕竟是狮子的尾巴，那就文一头狮子的尾巴吧。"

文身师叹气地说："希望你保持安静，让我把狮子的尾巴文完。"

接下来，文身师刚在他身体上刺了一两针，那人又忍受不了，大吼："哎哟，痛死了，狮子尾巴我也不想文了，还是文狮子的其他部位吧。"

文身师非常生气，说："起来，你走吧，你不适合文身。"

"怎么不适合？"

"你告诉我，谁见过没头没尾和没有肚子的狮子？"

* * *

如果某人想做一件事，却又不具备条件，就可以对他说："谁见过没头没尾和没有肚子的狮子？"

长官的仆人

从前,有一位地方长官,他有一个仆人,这个仆人为所欲为,仗势欺人,无人敢反抗。有一天,长官去市场,在路上遇到一个人,那人肩上扛着东西,走在路中央,仆人大声喊:"滚开,滚到一边!"

那人肩上扛的东西太重,走得慢,也不好让路。长官的仆人见他没有让路,又大声喊道:"你聋了吗?没听见我说什么吗?"

那人慢慢地走到路边,让开路。长官的仆人已经习惯,他只要喊一声,或发号施令,手下的人立即去办。而现在,他喊了几声,那人才给他让路。于是,他上前将那人推倒在地,跟着他的几个地痞也在那里哈哈大笑。

那人从地上爬起来问:"为何推我?我的东西摔坏了,你必须赔偿。"

"我让你滚开,你就得立即滚开。"

那人不知道他是长官的仆人,就怒斥道:"你是谁?有什么资格给我下达命令?"

长官的仆人笑了笑,看了一下四周,说:"你问一问人们,他们会告诉你我是谁。"

一个地痞上前说:"他是本市长官的仆人。"

那人上下打量了一下长官的仆人,申辩说:"既然是长官的仆人,怎么能为所欲为?"

长官的仆人上前一步,揪着那人的右耳朵,说:"我是长官的仆人,我为所欲为了,你能怎么办?"

那人打掉他的手,说:"你做梦吧,有些事,你是做不了的。"

他话音刚落,举起拳头,朝那个仆人的脸上狠狠地打了一拳,说:"这个你会吗?"

两人扭打起来,你一拳我一脚,打得不可开交,越打越猛。那人把长官仆人的鼻子咬了一块肉,仆人疼得大声喊叫:"敢咬我的鼻子,我让你倒霉一辈子!"

那人回答说:"长官面前见分晓。"

长官仆人的鼻子被咬掉,皮还连着,满脸是血,他回到主人跟前告状。长官看见自己的仆人这副狼狈相,就问那人道:"疯子,怎么把他的鼻子咬掉了?"

那人冷静地回答说:"这不是我干的。"

"那这是谁干的?"

"是他自己干的,他自己把鼻子咬下来的。"

长官听后非常生气,说:"难道你没脑子吗?一个人怎么可能把自己的鼻子咬下来?"

"长官大人,你说得对,没有人能把自己的鼻子咬下来,但你的仆人却能做到。"

"什么意思?"

"他走在大街上,把我扛着的东西打落在地。我问他为什么这样做,他说:长官的仆人,想做什么就能做什么。既然他能为所欲为,肯定能咬掉自己的鼻子,对于他来说,这没什么做不到的。"

* * *

谚语"长官的仆人,想做什么就能做什么"用来讽刺那些说话或做事,不给自己留回旋的余地的人。

青年与鬣狗

从前,有一伙乡下的年轻人去打猎,他们在路上看见一条鬣狗,立即追了上去。那条鬣狗吓得使劲往前跑,跑着跑着,突然掉头朝着居住在附近的一个游牧部落逃去。

其中一个年轻人说:"鬣狗为何跑向那里?难道活腻了吗?"

另一人说:"死亡的恐惧让它失去了理智,否则不会向有人的方向跑,但不管它跑到哪里,都是我们的猎物。"

惊慌失措的鬣狗并不知道前面是一个居住在帐篷里的游牧部落。那些男女老少看到鬣狗,吓得尖叫,四处逃生。年轻的猎人们手里拿着剑,追赶上来。鬣狗看到自己必死无疑,便站在原地,环顾四周,然后突然窜进旁边的帐篷里。猎人说:"赶快进帐篷,主人要被鬣狗吃掉。"

他们刚要进帐篷,突然从帐篷里出来一个青年来,他说:"你们为何拿着剑站在帐篷前,是在挑衅吗?"

一位年轻的猎人说:"跟你没关系,一只野兽窜进你的帐篷了,不杀死它,你的生命将面临危险。"

帐篷的主人说:"阿拉伯人不会把避难者交给敌人。"

"即使是野兽,比如是一只凶残的鬣狗,也不交出来吗?"另一个猎人问。

"是的,即使是一只鬣狗。"

第三个猎人说:"如果我们强行从你帐篷中带走野兽,会怎么样?"

青年返回帐篷,拿着一把剑出来,说:"我发誓,如果你们胆敢走进我的帐篷,伤害这只鬣狗,我会用这把剑回答你们。"

"进入你帐篷的是只野兽,为了一只野兽,你竟然把剑指向同部落的朋友?"

"我说得很清楚,你们赶快离开我的帐篷。"

年轻的猎人们没办法,只能离开帐篷。然后青年进入帐篷,把躲在角落里的鬣狗拉出来,用手抚摩它。几分钟前,鬣狗差点儿丧命,现在得到抚摩,它感觉安全多了。善良的青年微笑着说:"不要害怕,只要你在我这儿待着,任何人不敢进入帐篷把你带走。"

鬣狗叫了几声,用兽性的眼光盯着他。青年心地善良,以为他从猎人手里救了鬣狗,它的叫声和眼光是在感谢他的救命之恩。

鬣狗在善良的青年的帐篷里留了下来,青年也会找些肉,带回来给它吃,鬣狗的日子过得非常惬意。

有一个夏天,天气炎热,青年提来几桶水,放到帐篷里,脱下衣服,准备洗澡。鬣狗坐在旁边,看着善良的主人。青年把一罐水浇到头上,正要洗澡。突然,鬣狗站起来,慢慢靠近他。青年看到鬣狗那陌生的眼神,心里不由得害怕起来。鬣狗野性发作,龇牙咧嘴,步步紧逼,青年慢慢后退,准备去拿剑。但一切为时已晚,一眨眼,善良的青年便被鬣狗扑倒。当人们听到他的呼救声后,迅速跑进帐篷,看见他血肉模糊,躺在地上,已经失去了生命。有一个人说:"我早就知道会有这一天,我曾警告他,不要在家里养野兽,可他不听。"

另一个人说:"难道他没听说'狼孩养大吃主人'的故事吗?"

* * *

假若某人同情和帮助不知感恩的人,最后反受其害,可以对他说:"狼孩养大吃主人。"

图书在版编目（CIP）数据

我们的故事成了谚语 /（伊朗）穆罕默德·米尔奇亚尼著；马晓燕，关媛译. -- 北京：华文出版社，2020.7
ISBN 978-7-5075-5321-5

Ⅰ.①我… Ⅱ.①穆… ②马… ③关… Ⅲ.①民间故事 – 作品集 – 伊朗 Ⅳ.①I373.73

中国版本图书馆CIP数据核字（2020）第111325号

我们的故事成了谚语
WOMEN DE GUSHI CHENG LE YANYU

作　　者：	〔伊朗〕穆罕默德·米尔奇亚尼
译　　者：	马晓燕　关　媛
插　　图：	〔伊朗〕穆罕默德·萨拉瓦提扬
策　　划：	杨　平
责任编辑：	郭俊萍
特邀编辑：	马晓艳　陶　鹰
出版发行：	华文出版社
社　　址：	北京市西城区广外大街305号8区2号楼
邮政编码：	100055
网　　址：	http://www.hwcbs.com.cn
电子信箱：	silkroadlibrary@qq.com
电　　话：	总编室 010-58336239　　发行部 010-58336267
	责任编辑 010-58336254
经　　销：	新华书店
印　　刷：	北京画中画印刷有限公司
开　　本：	710×1000　1/16
印　　张：	26
字　　数：	180千字
版　　次：	2020年7月第1版
印　　次：	2020年7月第1次印刷
标准书号：	ISBN 978-7-5075-5321-5
定　　价：	68.00元

版权所有，侵权必究